Sabor Italiano

Recetas Tradicionales para el Alma

Giulia Bianchi

TABLA DE CONTENIDO

Fideos De Pan En Caldo 9

Albóndigas de pan tirolés 11

Sopa De Judías Verdes Y Salchicha 14

Sopa de Escarolas y Albóndigas 17

Sopa "casada" 19

Sopa De Pescado Toscana 22

Sopa De Pescado Con Trozos 25

Sopa de mariscos, pasta y frijoles 27

Mejillones y Almejas en Caldo de Tomate 31

Salsa marinara 34

salsa de tomates frescos 36

Salsa De Tomate, Estilo Siciliano 38

Salsa De Tomate Estilo Toscano 40

Salsa Pizzaiola 43

Salsa de carne "falsa" 45

Salsa Rosa 48

Salsa De Tomate Con Cebolla 50

Salsa de tomate asado 52

Ragú al estilo de los Abruzos 54

Ragú napolitano 57

Ragú De Salchicha 61

Ragú estilo Marches 63

Salsa De Carne Toscana 66

Ragú al estilo Bolonia 70

Ragú de pato 73

Ragú de conejo o pollo 76

Boletus y ragú de carne 79

Ragú De Cerdo Con Hierbas Frescas 82

Ragú de Carne Trufado 85

Salsa De Mantequilla Y Salvia 89

Aceite Santo 91

Salsa De Queso Fontina 92

Salsa bechamel 93

Salsa de Ajo 95

Salsa Verde 97

Salsa siciliana de ajo y alcaparras 99

Salsa De Perejil Y Huevo 101

Salsa De Pimiento Rojo Y Tomate 104

Salsa De Oliva 106

Salsa De Tomate Secado Al Sol 107

Salsa De Pimienta Estilo Molise 108

Mayonesa De Aceite De Oliva ... 110

Salsa De Mayonesa De Naranja ... 113

Linguini con Ajo, Aceite y Pimiento Picante ... 115

Espaguetis con Ajo y Aceitunas ... 117

Linguini al pesto ... 119

Espaguetis finos con nueces ... 121

Linguini con tomates secados al sol ... 123

Espaguetis con pimientos, queso pecorino y albahaca ... 125

Penne con calabacín, albahaca y huevos ... 129

Pasta con Guisantes y Huevos ... 132

Linguini con judías verdes, tomates y albahaca ... 135

Orejitas con Crema de Patata y Rúcula ... 138

Pastas y Patatas ... 140

Conchas con Coliflor y Queso ... 144

Pasta con coliflor, azafrán y grosellas ... 146

Pajaritas con Alcachofas y Guisantes ... 149

Fettuccine con alcachofas y boletus ... 152

Rigatoni con ragú de berenjenas ... 156

Espaguetis sicilianos con berenjena ... 159

Pajaritas con brócoli, tomates, piñones y pasas ... 162

Cavatelli con verduras al ajillo y patatas ... 164

Linguini con Calabacín ... 167

Penne con Verduras Asadas 170

Penne con champiñones, ajo y romero 174

Linguine con Remolacha y Ajo 176

Pajaritas con remolacha y verduras 178

Pasta con Ensalada 181

Fusilli con tomates asados 183

Codos con Patatas, Tomates y Rúcula 186

Linguini romano de estilo rústico 189

Penne con Verduras de Primavera y Ajo 191

Pasta "arrastrada" con nata y champiñones 193

Pasta romana con tomate y mozzarella 196

Fusilli con Atún y Tomates 198

Linguini con pesto siciliano 200

Espaguetis con pesto "loco" 202

Pajaritas con Salsa Puttanesca Cruda 204

Pasta con Verduras Crudas 206

Espaguetis "Date prisa" 208

Penne "enojado" 211

Rigatoni con ricota y salsa de tomate 213

Pajaritas con tomates cherry y pan rallado 215

Almejas estofadas 217

Espaguetis con Pecorino y Pimienta 219

Fideos De Pan En Caldo

Passatelli en Brodo

Rinde 6 porciones

passatelli*Son tiras de masa parecidas a fideos hechas con pan rallado seco y queso rallado unidos con huevos batidos. La masa se pasa a través de un dispositivo similar a un triturador de patatas o un molino de alimentos directamente al caldo hirviendo. Algunos cocineros añaden a la masa un poco de ralladura de limón recién rallada. Los passatelli en caldo fueron en un tiempo un plato tradicional dominical en Emilia-Romaña, seguido de un asado.*

8 tazas caserasCaldo de carneoCaldo de polloo una mezcla de mitad de caldo comprado en la tienda y mitad de agua

3 huevos grandes

1 taza de Parmigiano-Reggiano recién rallado, y más para servir

2 cucharadas de perejil fresco de hoja plana muy finamente picado

¼ cucharadita de nuez moscada rallada

Aproximadamente 3/4 taza de pan rallado seco

1. Prepara el caldo, si es necesario. Luego, en un tazón grande, bata los huevos hasta que se mezclen. Agrega el queso, el perejil y la nuez moscada hasta que quede suave. Agregue suficiente pan rallado para formar una pasta suave y espesa.

2. Si no está recién hecho, hierva el caldo a fuego lento en una olla grande. Prueba el caldo y rectifica la sazón si es necesario.

3. Coloque un pasapurés equipado con una cuchilla con orificios grandes, un exprimidor de papas o un colador con orificios grandes sobre la olla. Empuje la mezcla de queso a través del pasapurés o colador hacia el caldo hirviendo. Cocine a fuego lento durante 2 minutos. Retirar del fuego y dejar reposar 2 minutos antes de servir. Sirva caliente con queso adicional.

Albóndigas de pan tirolés

Canederli

Rinde 4 porciones

Los cocineros del norte de Italia, cerca de la frontera con Austria, elaboran albóndigas de pan que son completamente diferentes a las albóndigas passatelli que se elaboran en Emilia Romagna. Al igual que el knödel austriaco, los canederli se elaboran con pan integral o de centeno, aromatizados con salame (una salchicha seca hecha de carne de cerdo molida gruesa) o mortadela (una delicada salchicha hecha de carne de cerdo muy finamente molida, aromatizada con nuez moscada y, a menudo, pistachos enteros). . Se cuecen a fuego lento en un líquido y luego se sirven en el caldo, aunque también quedan buenos con salsa de tomate o salsa de mantequilla.

8 tazas caserasCaldo de carneoCaldo de polloo una mezcla de mitad de caldo comprado en la tienda y mitad de agua

4 tazas de pan de centeno sin semillas o pan integral del día anterior

1 taza de leche

2 cucharadas de mantequilla sin sal

½ taza de cebolla picada

3 onzas de salame, mortadela o jamón ahumado, muy finamente picado

2 huevos grandes, batidos

2 cucharadas de cebollino fresco picado o perejil fresco de hoja plana

Sal y pimienta negra recién molida

Aproximadamente 1 taza de harina para todo uso

½ taza de Parmigiano-Reggiano recién rallado

1. Prepara el caldo, si es necesario. Luego, en un tazón grande, remoja el pan en la leche durante 30 minutos, revolviendo ocasionalmente. El pan debería empezar a desmoronarse.

2. En una sartén pequeña, derrita la mantequilla a fuego medio. Agregue la cebolla y cocine, revolviendo con frecuencia, hasta que esté dorada, aproximadamente 10 minutos.

3. Raspa el contenido de la sartén sobre el pan. Agrega la carne, los huevos, el cebollino o el perejil y sal y pimienta al gusto. Agregue suficiente harina, poco a poco, para que la mezcla mantenga su forma. Dejar reposar 10 minutos.

4. Humedece tus manos con agua fría. Saque aproximadamente 1/4 taza de la mezcla y forme una bola. Pasar la bola por harina.

Coloca la bola de masa sobre un trozo de papel encerado. Repita con la mezcla restante.

5. Traiga una olla grande con agua a hervir. Reduce el fuego para que el agua esté hirviendo a fuego lento. Coloque con cuidado la mitad de las bolas de masa, o solo lo suficiente para que la olla no quede abarrotada. Cocine de 10 a 15 minutos o hasta que las bolas de masa estén bien cocidas. Con una espumadera, transfiera las bolas de masa a un plato. Cocine las albóndigas restantes de la misma forma.

6. Cuando esté listo para servir la sopa, caliente el caldo hasta que hierva a fuego lento. Agregue las bolas de masa y cocine a fuego lento durante 5 minutos o hasta que estén completamente calientes. Sirve las albóndigas en el caldo con el queso rallado.

Sopa De Judías Verdes Y Salchicha

Zuppa di Fagiolini

Rinde 4 porciones

Un verano, cuando era pequeña, visité a una tía abuela que tenía una antigua y maravillosa casa victoriana en la costa de Long Island, en Nueva York. Todos los días cocinaba elaborados almuerzos y cenas para su marido, quien parecía esperar nada menos que tres platos. Esta era una de las sopas que ella prepararía.

Utilizo arroz de grano medio para esta sopa, del tipo que uso para el risotto, porque es lo que suelo tener en casa, pero el arroz de grano largo también funcionaría.

2 cucharadas de aceite de oliva

1 cebolla mediana, picada

1 pimiento morrón rojo o amarillo, picado

3 salchichas de cerdo al estilo italiano

2 tomates grandes, pelados, sin semillas y picados, o 1 taza de tomates enlatados, picados

8 onzas de judías verdes, peladas y cortadas en trozos pequeños

Una pizca de pimiento rojo triturado

Sal

3 tazas de agua

¼ taza de arroz de grano mediano, como Arborio

1. Vierte el aceite en una olla mediana. Agregue la cebolla, el pimiento y las salchichas y cocine, revolviendo ocasionalmente, hasta que las verduras estén tiernas y las salchichas ligeramente doradas, aproximadamente 10 minutos.

2. Agrega los tomates, las judías verdes, el pimiento rojo triturado y sal al gusto. Agregue 3 tazas de agua fría y cocine a fuego lento. Baja el fuego y cocina 15 minutos.

3. Transfiera las salchichas a un plato. Cortar las salchichas en rodajas finas y devolverlas a la olla.

4. Agregue el arroz y cocine hasta que esté tierno, de 15 a 20 minutos más. Servir caliente.

Sopa de Escarolas y Albóndigas

Zuppa di Scarola y Polpettini

Rinde de 6 a 8 porciones

Esta era mi sopa favorita cuando era niño, aunque solo la comíamos en días festivos y ocasiones especiales. Todavía no puedo resistirme y lo hago con frecuencia.

4 cuartos caseros<u>Caldo de pollo</u>o una mezcla de mitad de caldo comprado en la tienda y mitad de agua

1 cabeza mediana de escarola (aproximadamente 1 libra)

3 zanahorias grandes, picadas

albóndigas

1 libra de ternera o carne molida

2 huevos grandes, batidos

½ taza de cebolla muy finamente picada

1 taza de pan rallado simple

1 taza de Pecorino Romano recién rallado, y más para servir

1 cucharadita de sal

Pimienta negra recién molida, al gusto

1. Prepara el caldo, si es necesario. Luego, corta la escarola y desecha las hojas magulladas. Corta los extremos del tallo. Separe las hojas y lávelas bien con agua fría, especialmente en el centro de las hojas donde se acumula la tierra. Apila las hojas y córtalas transversalmente en tiras de 1 pulgada.

2. En una olla grande, combine el caldo, la escarola y las zanahorias. Llevar a fuego lento y cocinar 30 minutos.

3. Mientras tanto, prepara las albóndigas: mezcla todos los ingredientes de las albóndigas en un tazón grande. Con las manos (o con un dispensador de cuchara pequeño), forme bolitas con la mezcla, del tamaño de uvas pequeñas, y colóquelas en un plato o bandeja.

4. Cuando las verduras estén listas, echa con cuidado las albóndigas una a la vez en la sopa. Cocine a fuego lento, hasta que las albóndigas estén bien cocidas, unos 20 minutos. Pruebe y ajuste la sazón. Sirva caliente, espolvoreado con Pecorino Romano rallado.

Sopa "casada"

Minestra Maritata

Rinde de 10 a 12 porciones

Mucha gente supone que esta sopa napolitana debe su nombre a que se sirve en banquetes de bodas, pero en realidad "casada" se refiere a la unión de los sabores de las carnes y verduras variadas que son los ingredientes principales. Es una receta muy antigua: en un tiempo fue un plato que la gente comía a diario, añadiendo los restos de carne y verduras que encontraban. Hoy en día se considera algo anticuado, aunque no puedo imaginar una comida más satisfactoria en un día frío.

Se pueden utilizar acelgas, achicoria, col rizada o repollo en lugar de las siguientes verduras. Pruebe el salami de Génova u otro estilo italiano en lugar de la soppressata, o un hueso de jamón para el hueso de prosciutto. Para obtener el mejor sabor, prepare la sopa un día antes de servirla.

1 libra de costillas de cerdo con carne (costillas de cerdo al estilo campestre)

1 hueso de prosciutto (opcional)

2 zanahorias medianas, recortadas

2 costillas de apio con hojas

1 cebolla mediana

1 libra de salchicha de cerdo estilo italiano

1 rebanada gruesa de prosciutto italiano importado (aproximadamente 4 onzas)

1 trozo de 4 onzas de soppressata

Una pizca de pimiento rojo triturado

1 1/2 libras (1 cabeza pequeña) de escarola, recortada

1 libra (1 manojo mediano) de brócoli rabe, recortado

1 libra (aproximadamente la mitad de una cabeza pequeña) de col rizada, cortada en tiras

8 onzas de brócoli, cortado en floretes (aproximadamente 2 tazas)

Parmigiano-Reggiano recién rallado

1. En una olla grande, hierva 5 cuartos de agua. Agregue las costillas de cerdo, el hueso de prosciutto si lo usa, las zanahorias, el apio y la cebolla. Baje el fuego a fuego lento y cocine durante 30 minutos a fuego medio.

2. Quitar la espuma que sube a la superficie. Agrega la salchicha, el prosciutto, la soppressata y el pimiento rojo triturado. Cocine hasta que las costillas de cerdo estén tiernas, aproximadamente 2 horas.

3. Mientras tanto, lava y corta todas las verduras. Traiga una olla grande con agua a hervir. Agrega la mitad de las verduras. Llevar a fuego lento y cocinar 10 minutos. Con una espumadera, transfiera las verduras a un colador colocado sobre un tazón grande. Cocine las verduras restantes de la misma manera. Escurrir bien y dejar enfriar. Cuando esté frío, pique las verduras en trozos pequeños.

4. Después de 2 horas de cocción, retire las carnes y las salchichas del caldo. Deseche los huesos y corte las carnes y las salchichas en trozos pequeños.

5. Deja que el caldo se enfríe un poco. Quitar la grasa del caldo. Cuela el caldo a través de un colador de malla fina en una olla grande y limpia. Regrese las carnes al caldo. Agrega las verduras. Vuelva a hervir a fuego lento y cocine durante 30 minutos.

6. Sirva caliente, espolvoreado con Parmigiano-Reggiano rallado.

Sopa De Pescado Toscana

Cacciucco

Rinde 6 porciones

Cuantas más variedades de pescado agregues a la olla para esta especialidad toscana, mejor sabrá la sopa.

¼ taza de aceite de oliva

1 cebolla mediana

1 costilla de apio, picada

1 zanahoria, picada

1 diente de ajo, picado

2 cucharadas de perejil fresco picado

Una pizca de pimiento rojo triturado

1 hoja de laurel

1 langosta viva (de 1 a 2 libras)

2 pescados enteros (aproximadamente 1 1/2 libras cada uno) como pargo, lubina despojada, pargo o lubina, limpios y cortados en trozos (retire y reserve las cabezas)

1/2 taza de vino blanco seco

1 libra de tomates, pelados, sin semillas y picados

1 libra de calamares, limpios y cortados en aros de 1 pulgada

Rebanadas de pan italiano, tostadas

1. Vierta el aceite en una olla grande. Agrega la cebolla, el apio, la zanahoria, el ajo, el perejil, el pimiento y la hoja de laurel. Cocine a fuego medio, revolviendo frecuentemente, hasta que las verduras estén tiernas y doradas, aproximadamente 10 minutos.

2. Coloque la langosta sobre una tabla de cortar con la cavidad hacia arriba. No retires las bandas que mantienen las garras cerradas. Proteja su mano con una toalla pesada o una agarradera y sostenga la langosta por encima de la cola. Sumerge la punta de un cuchillo de chef pesado en el cuerpo donde la cola se une al pecho. Utilice unas tijeras para aves para quitar la fina capa que cubre la carne de la cola. Retire la vena oscura de la cola, pero deje el tomalley verde y el coral rojo, si corresponde. Deja la cola a un lado. Corte el cuerpo de la

langosta y las pinzas en las articulaciones en trozos de 1 a 2 pulgadas. Golpea las garras con el lado romo del cuchillo para romperlas.

3. Agregue a la olla la cavidad del pecho de langosta y las cabezas y recortes de pescado reservados. Cocine 10 minutos. Agregue el vino y cocine a fuego lento durante 2 minutos. Agrega los tomates y 4 tazas de agua. Llevar a fuego lento y cocinar 30 minutos.

4. Con una espumadera, retire la cavidad de la langosta, las cabezas de pescado y la hoja de laurel de la olla y deséchelos. Pase los ingredientes restantes a través de un pasapurés a un tazón grande.

5. Enjuague la olla y vierta la sopa. Lleva el líquido a ebullición a fuego lento. Añade los mariscos que necesitan más cocción, como los calamares. Cocine hasta que esté casi tierno, unos 20 minutos. Agregue la cola de langosta, las garras y los trozos de pescado. Cocine hasta que la langosta y el pescado estén opacos por dentro, unos 10 minutos más.

6. Coloque rebanadas de pan tostado en cada plato hondo. Sirva la sopa sobre el pan y sirva caliente.

Sopa De Pescado Con Trozos

Ciuppin

Rinde 6 porciones

Puedes utilizar un tipo de pescado o varias variedades para esta sopa. Para obtener un sabor más a ajo, frote las rebanadas de pan tostado con un diente de ajo crudo antes de agregar la sopa a los tazones. Los marineros de Génova introdujeron esta sopa clásica en San Francisco, donde muchos de ellos se establecieron. Los habitantes de San Francisco llaman a su versión cioppino.

2 1/2 libras de filetes de pescado de carne blanca, firme y variado, como fletán, lubina o mahi mahi

1/4 taza de aceite de oliva

1 zanahoria mediana, finamente picada

1 costilla de apio tierna, finamente picada

1 cebolla mediana, picada

2 dientes de ajo, finamente picados

1 taza de vino blanco seco

1 taza de tomates frescos pelados, sin semillas y picados o tomates enlatados

Sal y pimienta negra recién molida

2 cucharadas de perejil fresco picado

6 rebanadas de pan italiano o francés, tostado

1. Enjuague los trozos de pescado y séquelos. Corta el pescado en trozos de 2 pulgadas, desechando las espinas.

2. Vierta el aceite en una olla grande. Agrega la zanahoria, el apio, la cebolla y el ajo. Cocine, revolviendo frecuentemente, a fuego medio hasta que estén tiernos y dorados, aproximadamente 10 minutos. Agrega el pescado y cocina, revolviendo los trozos de vez en cuando, 10 minutos más.

3. Vierta el vino y deje hervir a fuego lento. Agrega los tomates y la sal y pimienta al gusto. Agregue agua fría para cubrir. Llevar a fuego lento y cocinar 20 minutos.

4. Agrega el perejil. Coloque una rebanada de pan tostado en cada plato hondo. Sirva la sopa sobre el pan y sirva caliente.

Sopa de mariscos, pasta y frijoles

Pasta y Fagioli con Frutti di Mare

Rinde de 4 a 6 porciones

Las sopas que combinan pasta y frijoles con mariscos son populares en todo el sur de Italia. Esta es mi versión de uno que probé en Alberto Ciarla, un famoso restaurante de mariscos en Roma.

1 libra de mejillones pequeños

1 libra de almejas pequeñas

2 cucharadas de aceite de oliva

2 onzas de panceta, finamente picada

1 cebolla mediana, finamente picada

2 dientes de ajo, finamente picados

3 tazas de frijoles cannellini, cocidos, escurridos, secos o enlatados

1 taza de tomates picados

1/2 libra de calamares, cortados en aros de 1 pulgada

Sal y pimienta negra recién molida

8 onzas de espaguetis, partidos en trozos de 1 pulgada

2 cucharadas de perejil fresco picado

Aceite de oliva virgen extra

1. Coloca los mejillones en agua fría para cubrirlos durante 30 minutos. Frótelos con un cepillo duro y raspe los percebes o las algas. Retire las barbas tirando de ellas hacia el extremo estrecho de las conchas. Deseche los mejillones que tengan la cáscara agrietada o que no cierren bien al golpearlos. Coloca los mejillones en una olla grande con 1/2 taza de agua fría. Tapar la olla y llevar a fuego lento. Cocine hasta que los mejillones se abran, unos 5 minutos. Con una espumadera, transfiera los mejillones a un bol.

2. Coloca las almejas en la olla y tapa la sartén. Cocine hasta que las almejas se abran, aproximadamente 5 minutos. Retire las almejas de la olla. Cuela el líquido de la olla a través de un filtro de café de papel en un bol y reserva.

3. Con los dedos, retira las almejas y los mejillones de las conchas y colócalos en un bol.

4. Vierta el aceite en una olla grande. Agrega la panceta, la cebolla y el ajo. Cocine, revolviendo frecuentemente, a fuego medio, hasta que estén tiernos y dorados, aproximadamente 10 minutos.

5. Agrega los frijoles, los tomates y los calamares. Agrega los jugos reservados de los mariscos. Llevar a fuego lento y cocinar 20 minutos.

6. Agregue los mariscos y cocine hasta que estén bien cocidos, aproximadamente 5 minutos.

7. Mientras tanto, hierva una olla grande con agua. Agrega la pasta y sal al gusto. Cocine hasta que estén tiernos. Escurre la pasta y agrégala a la sopa. Agrega un poco del líquido de la pasta si la sopa parece demasiado espesa.

8. Agrega el perejil. Sirva caliente, rociado con aceite de oliva virgen extra.

Mejillones y Almejas en Caldo de Tomate

Zuppa di Cozze

Rinde 4 porciones

Puedes hacer esto con todos los mejillones o todas las almejas, si quieres.

2 libras de mejillones

½ taza de aceite de oliva

4 dientes de ajo, muy finamente picados

2 cucharadas de perejil fresco picado

Una pizca de pimiento rojo triturado.

1 taza de vino blanco seco

3 libras de tomates maduros, pelados, sin semillas y picados o 2 latas (28 a 35 onzas) de tomates italianos pelados importados, picados

Sal

2 libras de almejas pequeñas

8 rebanadas de pan italiano o francés, tostadas

1 diente de ajo entero

1. Coloca los mejillones en agua fría para cubrirlos durante 30 minutos. Frótelos con un cepillo duro y raspe los percebes o las algas. Retire las barbas tirando de ellas hacia el extremo estrecho de las conchas. Deseche los mejillones que tengan la cáscara agrietada o que no cierren bien al golpearlos.

2. En una cacerola grande, calienta el aceite a fuego medio. Agrega el ajo picado, el perejil y el pimiento rojo triturado y cocina a fuego lento hasta que el ajo esté dorado, aproximadamente 2 minutos. Agregue el vino y deje hervir a fuego lento. Añade los tomates y una pizca de sal. Cocine a fuego medio, revolviendo ocasionalmente, hasta que espese un poco, aproximadamente 20 minutos.

3. Agrega suavemente los mejillones y las almejas. Cubre la olla. Cocine de 5 a 10 minutos, hasta que se abran los mejillones y las almejas. Deseche los que no se abran.

4. Frote las tostadas con el diente de ajo cortado. Coloca un trozo de pan en cada plato hondo. Cubrir con los mejillones y las almejas y su líquido. Servir caliente.

para usar con otros alimentos.

SALSAS DE TOMATE

Salsa marinara

Salsa Marinara

Rinde 2 1/2 tazas

El ajo le da a esta salsa de cocción rápida al estilo del sur de Italia su sabor característico. Los napolitanos trituran ligeramente los dientes con el costado de un cuchillo grande. Esto facilita quitar la piel y abre los dientes para liberar su sabor. Retire los dientes de ajo enteros antes de servir.

Agrego la albahaca al final del tiempo de cocción para obtener el sabor más fresco. La albahaca seca es un mal sustituto de la fresca, pero puedes sustituirla por perejil fresco o menta. Esta salsa es ideal para espaguetis u otras pastas secas.

1/4 taza de aceite de oliva

2 dientes de ajo grandes, machacados

Una pizca de pimiento rojo triturado

3 libras de tomates pera frescos, pelados, sin semillas y picados, o 1 lata (28 onzas) de tomates italianos pelados importados con su jugo, pasados por un molino de alimentos

Sal al gusto

4 hojas de albahaca fresca, cortadas en trozos

1. Vierte el aceite en una cacerola mediana. Agrega el ajo y el pimiento rojo. Cocine a fuego medio, volteando el ajo una o dos veces hasta que esté dorado, aproximadamente 5 minutos. Retire el ajo de la sartén.

2. Agrega los tomates y sal al gusto. Cocine durante 20 minutos, revolviendo ocasionalmente, o hasta que la salsa espese.

3. Apague el fuego y agregue la albahaca. Servir caliente. Se puede preparar con anticipación y almacenar en un recipiente herméticamente cerrado en el refrigerador hasta por 5 días o en el congelador hasta por 2 meses.

salsa de tomates frescos

Salsa Leggero

Rinde 3 tazas

Esta salsa es inusual porque no comienza con la habitual cebolla o ajo cocidos en aceite de oliva o mantequilla. En cambio, los aromáticos se cuecen a fuego lento junto con los tomates para que la salsa tenga un delicado sabor vegetal. Sírvelo con cualquiera de las pastas frescas o como salsa para frittata u otra tortilla.

4 libras de tomates pera maduros, pelados, sin semillas y picados

1 zanahoria mediana, picada

1 cebolla mediana, picada

1 costilla de apio pequeña, picada

Sal al gusto

6 hojas de albahaca fresca, cortadas en trozos pequeños

¼ taza de aceite de oliva virgen extra

1. En una cacerola grande y pesada, combine los tomates, la zanahoria, la cebolla, el apio, una pizca de sal y la albahaca. Tapa

la olla y cocina a fuego medio hasta que la mezcla hierva a fuego lento. Destape y cocine, revolviendo ocasionalmente, durante 20 minutos o hasta que la salsa espese.

2. Dejar enfriar un poco. Pasar la salsa por un pasapurés o hacerla puré en un procesador de alimentos o licuadora. Vuelva a calentar suavemente y pruebe para sazonar. Agrega el aceite. Servir caliente. Se puede preparar con anticipación y almacenar en un recipiente herméticamente cerrado en el refrigerador hasta por 5 días o en el congelador hasta por 2 meses.

Salsa De Tomate, Estilo Siciliano

Salsa de pomodoro a la siciliana

Rinde aproximadamente 3 tazas

Vi a Anna Tasca Lanza, que tiene una escuela de cocina en la finca vinícola Regaleali de su familia en Sicilia, preparar salsa de tomate de esta manera. Todo va a la olla, luego, cuando haya hervido a fuego lento el tiempo suficiente, la salsa se hace puré en un pasapurés para eliminar las semillas del tomate. La mantequilla y el aceite de oliva, añadidos al final del tiempo de cocción, enriquecen y endulzan la salsa. Sírvelo con ñoquis de papa o fettuccine fresco.

3 libras de tomates maduros

1 cebolla mediana, en rodajas finas

1 diente de ajo, finamente picado

2 cucharadas de albahaca fresca picada

Una pizca de pimiento rojo triturado

¼ taza de aceite de oliva

1 cucharada de mantequilla sin sal

1. Si usa un pasapurés para hacer puré los tomates, córtelos en cuartos a lo largo y vaya al paso 2. Si usa un procesador de alimentos o una licuadora, primero pele los tomates: hierva una cacerola mediana con agua. Agrega los tomates poco a poco y cocina 1 minuto. Con una espumadera, retíralas y colócalas en un recipiente con agua fría. Repita con los tomates restantes. Pelar los tomates, luego quitarles el corazón y quitarles las semillas.

2. En una olla grande, combine los tomates, la cebolla, el ajo, la albahaca y el pimiento rojo triturado. Cubrir y llevar a fuego lento. Cocina a fuego lento 20 minutos o hasta que la cebolla esté tierna. Dejar enfriar un poco.

3. Pase la mezcla por un pasapurés, si lo usa, o haga puré en una licuadora o procesador de alimentos. Regresa el puré a la olla. Agrega la albahaca, el pimiento rojo y sal al gusto.

4. Justo antes de servir, recalienta la salsa. Retirar del fuego y agregar el aceite de oliva y la mantequilla. Servir caliente. Se puede preparar con anticipación y almacenar en un recipiente herméticamente cerrado en el refrigerador hasta por 5 días o en el congelador hasta por 2 meses.

Salsa De Tomate Estilo Toscano

Salsa de pomodoro a la Toscana

Rinde 3 tazas

Un soffritto es una mezcla de vegetales aromáticos picados, generalmente cebolla, zanahoria y apio, cocidos en mantequilla o aceite hasta que estén tiernos y ligeramente dorados. Es la base aromatizante de muchas salsas, sopas y estofados y una técnica esencial en la cocina italiana. Muchos cocineros italianos ponen todos los ingredientes del soffritto en una sartén fría y luego encienden el fuego. De esta manera todos los ingredientes se cocinan suavemente y nada se dora demasiado ni se cocina demasiado. Con el método alternativo de calentar primero el aceite y luego añadir los ingredientes picados, existe el peligro de que el aceite se sobrecaliente. Las verduras pueden dorarse y volverse demasiado cocidas y amargas. Esta salsa de tomate al estilo toscano comienza con un sofrito de las verduras habituales más ajo cocido con aceite de oliva.

4 cucharadas de aceite de oliva

1 cebolla mediana, finamente picada

½ taza de zanahoria picada

¼ taza de apio picado

1 diente de ajo pequeño, picado

3 libras de tomates ciruela maduros frescos, pelados, sin semillas y finamente picados, o 1 lata (28 onzas) de tomates italianos pelados importados con su jugo, pasados por un molino de alimentos

½ taza de caldo de pollo

Una pizca de pimiento rojo triturado

Sal

2 o 3 hojas de albahaca, trituradas

1. Vierte el aceite en una cacerola mediana. Agrega la cebolla, la zanahoria, el apio y el ajo. Cocine a fuego medio, revolviendo ocasionalmente, hasta que las verduras estén tiernas y doradas, aproximadamente 15 minutos.

2. Agregue los tomates, el caldo, el pimiento rojo y sal al gusto. Llevar a fuego lento. Cubra parcialmente la sartén y cocine a fuego lento, revolviendo ocasionalmente, hasta que espese, aproximadamente 30 minutos.

3. Agrega la albahaca. Servir caliente. Se puede preparar con anticipación y almacenar en un recipiente herméticamente

cerrado en el refrigerador hasta por 5 días o en el congelador hasta por 2 meses.

Salsa Pizzaiola

Salsa Pizzaiola

Rinde aproximadamente 2 1/2 tazas

Los napolitanos utilizan esta sabrosa salsa para cocinar pequeños filetes o chuletas (ver Carne), o lo sirven sobre espaguetis. Sin embargo, no se suele utilizar en la pizza, ya que el calor extremo de los hornos de leña para pizza napolitanos cocinaría demasiado una salsa ya cocida. Recibe su nombre de los tomates, el ajo y el orégano, los mismos ingredientes que suele utilizar un pizzero en la pizza.

Picar el ajo hasta que quede muy fino, para que no queden trozos grandes en la salsa.

2 dientes de ajo grandes, muy finamente picados

1/4 taza de aceite de oliva

Una pizca de pimiento rojo triturado

1 lata (28 onzas) de tomates italianos pelados importados con su jugo, picados

1 cucharadita de orégano seco, desmenuzado

Sal

1. En una sartén grande, cocina el ajo en aceite a fuego medio hasta que esté dorado, aproximadamente 2 minutos. Agregue el pimiento rojo triturado.

2. Agrega los tomates, el orégano y sal al gusto. Lleva la salsa a fuego lento. Cocine, revolviendo ocasionalmente, durante 20 minutos o hasta que la salsa espese. Servir caliente. Se puede preparar con anticipación y almacenar en un recipiente herméticamente cerrado en el refrigerador hasta por 5 días o en el congelador hasta por 2 meses.

Salsa de carne "falsa"

Sugo Finto

Rinde aproximadamente 6 tazas

Sugo finto significa "salsa falsa", un nombre extraño para una salsa tan deliciosa y útil, y que se usa con frecuencia en el centro de Italia, según mi amigo Lars Leicht. Esta receta proviene de su tía, que vive fuera de Roma. Está tan lleno de sabor que podrías pensar que contiene algo de carne. La salsa es perfecta para esos momentos en los que quieres algo más complejo que una simple salsa de tomate, pero no quieres agregar carne. Esta receta rinde mucho, pero si lo prefieres, puedes reducirla fácilmente a la mitad.

¼ taza de aceite de oliva

1 cebolla amarilla mediana, finamente picada

2 zanahorias pequeñas, peladas y finamente picadas

2 dientes de ajo, finamente picados

4 hojas de albahaca fresca, picadas

1 ají seco pequeño, triturado o una pizca de pimiento rojo triturado

1 taza de vino blanco seco

2 latas (de 28 a 35 onzas cada una) de tomates pelados italianos importados con su jugo o 6 libras de tomates ciruela frescos, pelados, sin semillas y picados

1. En una cacerola grande, combine el aceite, la cebolla, las zanahorias, el ajo, la albahaca y el chile. Cocine a fuego medio, revolviendo ocasionalmente, hasta que las verduras estén tiernas y doradas, aproximadamente 10 minutos.

2. Añade el vino y deja hervir a fuego lento. Cocine 1 minuto.

3. Pasar los tomates por un pasapurés a la olla o hacerlos puré en una licuadora o procesador de alimentos. Llevar a fuego lento y bajar el fuego. Sazone al gusto con sal. Cocine, revolviendo ocasionalmente, durante 30 minutos o hasta que la salsa espese. Servir caliente. Se puede preparar con anticipación y almacenar en un recipiente herméticamente cerrado en el refrigerador hasta por 5 días o en el congelador hasta por 2 meses.

Salsa Rosa

Salsa de pomodoro a la panna

Rinde aproximadamente 3 tazas

La crema espesa suaviza esta deliciosa salsa rosada. Sírvelo con ravioles o ñoquis verdes.

¼ taza de mantequilla sin sal

¼ taza de chalotas frescas picadas

3 libras de tomates frescos, pelados, sin semillas y picados, o 1 lata (28 onzas) de tomates italianos pelados importados con su jugo

Sal y pimienta negra recién molida

½ taza de crema espesa

1. En una cacerola grande, derrita la mantequilla a fuego medio-bajo. Agregue las chalotas y cocine hasta que estén doradas, aproximadamente 3 minutos. Agregue los tomates, la sal y la pimienta y cocine, revolviendo, hasta que la salsa hierva a fuego lento. Si usa tomates enlatados, píquelos con una cuchara. Cocine, revolviendo ocasionalmente, hasta que la salsa espese un poco, aproximadamente 20 minutos. Dejar enfriar un poco.

2. Pasar la mezcla de tomate por un pasapurés. Regresa la salsa a la olla y caliéntala a fuego medio. Agrega la crema y cocina 1 minuto o hasta que espese un poco. Servir caliente.

Salsa De Tomate Con Cebolla

Salsa di Pomodoro con Cipolla

Rinde 2 1/2 tazas

El azúcar natural de la cebolla complementa el dulzor de la mantequilla en esta salsa. Esta salsa también queda bien hecha con chalotes en lugar de cebolla.

3 cucharadas de mantequilla sin sal

1 cucharada de aceite de oliva

1 cebolla pequeña, muy finamente picada

3 libras de tomates ciruela, pelados, sin semillas y picados, o 1 lata (28 onzas) de tomates pelados italianos importados con su jugo, pasados por un molino de alimentos

Sal y pimienta negra recién molida al gusto

1. En una cacerola mediana y pesada, derrita la mantequilla con el aceite a fuego medio. Agrega la cebolla y cocina, revolviendo una o dos veces, hasta que la cebolla esté tierna y dorada, aproximadamente 7 minutos.

2. Agrega los tomates y la sal y la pimienta. Lleve la salsa a fuego lento y cocine durante 20 minutos o hasta que espese.

Salsa de tomate asado

Salsa de Pomodoro Arrostito

Rinde suficiente para 1 libra de pasta

Incluso los tomates frescos que no son perfectos se pueden cocinar de esta manera. Puedes utilizar solo una variedad de tomates o varios tipos. Una combinación de tomates rojos y amarillos queda especialmente bien. La albahaca o el perejil son las opciones obvias para las hierbas, pero también puedes usar una mezcla que incluya cebollino, romero, menta o lo que tengas a mano.

Me gusta asar con anticipación y luego mezclar la salsa a temperatura ambiente con pasta caliente como penne o fusilli. Mi amiga Suzie O'Rourke me dice que su forma favorita de servirlo es como aperitivo untado sobre rebanadas de pan italiano tostado.

2 1/2 libras de tomates redondos, ciruela, cherry o uva

4 dientes de ajo, muy finamente picados

Sal

Una pizca de pimiento rojo triturado

1/2 taza de aceite de oliva

½ taza de albahaca, perejil u otras hierbas frescas picadas

1. Coloca una rejilla en el centro del horno. Precaliente el horno a 400° F. Engrase un molde para hornear no reactivo de 13 × 9 × 2 pulgadas.

2. Pique en trozos grandes los tomates redondos o ciruela en trozos de 1/2 pulgada. Corta los tomates cherry o uva en mitades o cuartos.

3. Extiende los tomates en la sartén. Espolvorea con ajo, sal y pimiento rojo triturado. Rocíe con el aceite y revuelva suavemente.

4. Ase de 30 a 45 minutos o hasta que los tomates estén ligeramente dorados. Retire los tomates del horno y agregue las hierbas. Servir caliente oa temperatura ambiente.

Ragú al estilo de los Abruzos

Ragú Abruzos

Rinde aproximadamente 7 tazas

Las verduras para este ragú se dejan enteras y algunas carnes se cocinan con hueso. Al finalizar el tiempo de cocción se retiran las verduras y los huesos sueltos. Por lo general, las carnes se retiran de la salsa y se sirven como segundo plato. Sirva esta salsa con formas de pasta con trozos como rigatoni.

3 cucharadas de aceite de oliva

1 libra de paleta de cerdo con algunos huesos, cortada en trozos de 2 pulgadas

1 libra de cuello o paleta de cordero con huesos, cortado en trozos de 2 pulgadas

1 libra de carne de ternera deshuesada para estofado, cortada en trozos de 1 pulgada

½ taza de vino tinto seco

2 cucharadas de pasta de tomate

4 libras de tomates frescos, pelados, sin semillas y picados, o 2 latas (28 onzas) de tomates pelados italianos importados con su jugo, pasados por un molino de alimentos

2 tazas de agua

Sal y pimienta negra recién molida

1 cebolla mediana

1 costilla de apio

1 zanahoria mediana

1. En una olla grande y pesada, calienta el aceite a fuego medio. Agregue las carnes y cocine, revolviendo ocasionalmente, hasta que estén ligeramente doradas.

2. Agrega el vino y cocina hasta que se evapore la mayor parte del líquido. Agrega la pasta de tomate. Agrega los tomates, el agua y sal y pimienta al gusto.

3. Agregue las verduras y cocine a fuego lento. Tapa la olla y cocina, revolviendo ocasionalmente, hasta que la carne esté muy tierna, aproximadamente 3 horas. Si la salsa parece fina, destape y cocine hasta que se reduzca ligeramente.

4. Dejar enfriar. Retire los huesos sueltos y las verduras.

5. Vuelva a calentar antes de servir o cubra y guárdelo en el refrigerador hasta por 3 días o en el congelador hasta por 3 meses.

Ragú napolitano

Ragú a la napolitana

Rinde aproximadamente 8 tazas

Este abundante ragú, elaborado con diferentes cortes de carne de res y cerdo, es lo que muchos italoamericanos llaman "salsa", que se prepara para la comida o la cena del domingo. Es ideal para mezclar con formas de pasta sustanciales, como conchas o rigatoni, y para usar en platos de pasta horneada, como<u>Lasaña napolitana</u>.

Las albóndigas se agregan a la salsa hacia el final del tiempo de cocción, para que puedas prepararlas mientras la salsa hierve a fuego lento.

2 cucharadas de aceite de oliva

1 libra de huesos de cuello de cerdo carnoso o costillas

1 libra de carne de res en una sola pieza

1 libra de salchichas de cerdo al estilo italiano o con hinojo

4 dientes de ajo, ligeramente machacados

¼ taza de pasta de tomate

3 latas (de 28 a 35 onzas) de tomates pelados italianos importados

Sal y pimienta negra recién molida al gusto

6 hojas de albahaca fresca, cortadas en trozos pequeños

1 recetaAlbóndigas Napolitanas, el tamaño más grande

2 tazas de agua

1. En una olla grande y pesada, calienta el aceite a fuego medio. Seque la carne de cerdo y ponga los trozos en la olla. Cocine, volteando ocasionalmente, aproximadamente 15 minutos o hasta que esté bien dorado por todos lados. Retire la carne de cerdo a un plato. Dorar la carne de la misma forma y retirarla de la olla.

2. Coloca las salchichas en la olla y dóralas por todos lados. Reserva las salchichas con las otras carnes.

3. Escurrir la mayor parte de la grasa. Agrega el ajo y cocina 2 minutos o hasta que esté dorado. Deseche el ajo. Agrega la pasta de tomate; cocine 1 minuto.

4. Con un pasapurés triturar los tomates y su jugo en la olla. O, para obtener una salsa más espesa, simplemente pique los tomates. Agrega 2 tazas de agua y sal y pimienta. Agrega la carne

de cerdo, la ternera, las salchichas y la albahaca. Lleva la salsa a fuego lento. Tapar parcialmente la olla y cocinar a fuego lento, revolviendo ocasionalmente, durante 2 horas. Si la salsa se vuelve demasiado espesa, agrega un poco más de agua.

5. Mientras tanto, prepara las albóndigas. Cuando la salsa esté casi lista, agrega las albóndigas a la salsa. Cocina 30 minutos o hasta que la salsa esté espesa y las carnes muy tiernas. Retire las carnes de la salsa y sirva como segundo plato o comida aparte. Sirve la salsa caliente. Cubra y guárdelo en un recipiente hermético en el refrigerador hasta por 3 días o en el congelador hasta por 2 meses.

Ragú De Salchicha

Ragú de Salsiccia

Rinde 4 1/2 tazas

Pequeños trozos de carne de salchicha de cerdo al estilo italiano adornan esta salsa del sur de Italia. Si te gusta picante, utiliza salchichas picantes. Sirve esta salsa Tortelli De Patata o pasta con trozos, como conchas o rigatoni.

1 libra de salchichas de cerdo italianas simples

2 cucharadas de aceite de oliva

2 dientes de ajo, finamente picados

1/2 taza de vino blanco seco

3 libras de tomates pera frescos, pelados, sin semillas y picados, o 1 lata (28 onzas) de tomates italianos pelados importados con su jugo, pasados por un molino de alimentos

Sal y pimienta negra recién molida

3 a 4 hojas de albahaca fresca, cortadas en trozos

1. Retire la salchicha de las tripas. Picar la carne finamente.

2. En una olla grande, calienta el aceite a fuego medio. Añade la carne de la salchicha y el ajo. Cocine, revolviendo con frecuencia, hasta que la carne de cerdo esté ligeramente dorada, aproximadamente 10 minutos. Añade el vino y deja hervir a fuego lento. Cocine hasta que la mayor parte del vino se evapore.

3. Agrega los tomates y la sal al gusto. Llevar a fuego lento. Reduce el calor al mínimo. Cocine, revolviendo ocasionalmente, hasta que la salsa espese, aproximadamente 1 hora y 30 minutos. Agrega la albahaca justo antes de servir. Servir caliente. Se puede preparar con anticipación y almacenar en un recipiente herméticamente cerrado en el refrigerador hasta por 3 días o en el congelador hasta por 2 meses.

Ragú estilo Marches

Ragú de carne a la Marchigiana

Rinde unas 5 tazas

La ciudad de Campofilone, en las Marcas del centro de Italia, alberga un festival anual de pasta que atrae a visitantes de todas partes. Lo más destacado del festín son los maccheroncini, pasta al huevo enrollada a mano que se sirve con esta sabrosa salsa de carne. Una mezcla de hierbas y una pizca de clavo le dan a este ragú un sabor especial. Un poco de leche añadida al final del tiempo de cocción le da un acabado suave. Si vas a preparar esta salsa con anticipación, agrega la leche justo antes de servirla. Sirva con fetuccine.

1 taza caseraCaldo de carneo caldo de carne comprado en la tienda

¼ taza de aceite de oliva

1 cebolla pequeña, finamente picada

1 costilla de apio, picada

1 zanahoria, picada

1 cucharada de perejil fresco picado

2 cucharaditas de romero fresco picado

1 cucharadita de tomillo fresco picado

1 hoja de laurel

1 libra de carne de res deshuesada, cortada en trozos de 2 pulgadas

1 lata (28 onzas) de tomates italianos pelados importados, escurridos y pasados por un molino de alimentos

Una pizca de clavo molido

Sal y pimienta negra recién molida

½ taza de leche

1. Prepara el caldo, si es necesario. Vierta el aceite en una cacerola grande. Agrega las verduras y las hierbas y cocina a fuego medio, revolviendo ocasionalmente, durante 15 minutos o hasta que las verduras estén tiernas y doradas.

2. Agregue la carne y cocine, revolviendo con frecuencia, hasta que la carne esté dorada. Espolvorear con sal y pimienta. Agrega el puré de tomate, el caldo y los clavos. Llevar a fuego lento. Cubra parcialmente la sartén y cocine, revolviendo ocasionalmente, hasta que la carne esté tierna y la salsa espesa, aproximadamente 2 horas.

3. Retirar la carne, escurrirla y picarla finamente. Agrega la carne picada a la salsa.

4. Agrega la leche y calienta 5 minutos antes de servir. Servir caliente. Se puede preparar con anticipación y almacenar en un recipiente hermético en el refrigerador hasta por 3 días o en el congelador hasta por 2 meses.

Salsa De Carne Toscana

Ragú a la Toscana

Rinde 8 tazas

Las especias y la ralladura de limón le dan a este ragú de ternera y cerdo un sabor dulce. Servirlo con pici.

4 cucharadas de mantequilla sin sal

¼ taza de aceite de oliva

4 onzas de prosciutto italiano importado, picado

2 zanahorias medianas

2 cebollas moradas medianas

1 costilla de apio grande, picada

¼ taza de perejil fresco picado

1 libra de carne de res deshuesada, cortada en trozos de 2 pulgadas

8 onzas de salchichas dulces italianas o carne de cerdo molida

2 libras de tomates frescos o 1 lata (28 onzas) de tomates italianos pelados importados, picados

2 tazas caserasCaldo de carneo caldo de carne comprado en la tienda

½ taza de vino tinto seco

½ cucharadita de ralladura de limón

Una pizca de canela

Una pizca de nuez moscada

Sal y pimienta negra recién molida al gusto

1. En una cacerola grande, derrita la mantequilla con el aceite de oliva a fuego medio. Agrega el prosciutto y las verduras picadas y cocina, revolviendo frecuentemente, durante 15 minutos.

2. Agregue las carnes y cocine, revolviendo frecuentemente, hasta que se doren, aproximadamente 20 minutos.

3. Agrega los tomates, el caldo, el vino, la ralladura de limón, la canela, la nuez moscada y sal y pimienta al gusto. Lleva la mezcla a fuego lento. Cocine, revolviendo ocasionalmente, hasta que la salsa espese, aproximadamente 2 horas.

4. Retire los trozos de carne de la olla. Colóquelos sobre una tabla de cortar y córtelos en trozos pequeños. Agrega la carne picada a la salsa. Servir caliente. Se puede preparar con anticipación y almacenar en un recipiente hermético en el refrigerador hasta por 3 días o en el congelador hasta por 2 meses.

Ragú al estilo Bolonia

Ragu boloñés

Rinde unas 5 tazas

En Tamburini, la mejor tienda de comida gourmet y comida para llevar de Bolonia, puedes comprar muchos tipos de pasta fresca al huevo. Los más famosos son los tortellini, aros de pasta del tamaño de una moneda de cinco centavos rellenos de mortadela, una salchicha de cerdo finamente condimentada. Los tortellini se sirven en brodo, "caldo", alla panna, en una salsa de crema espesa o, lo mejor de todo, al ragú, con una rica salsa de carne. La cocción lenta y prolongada del soffritto (verduras aromáticas y panceta) le da al ragú al estilo boloñés un sabor rico y profundo.

2 tazas caserasCaldo de carneo caldo de carne comprado en la tienda

2 cucharadas de mantequilla sin sal

2 cucharadas de aceite de oliva

2 onzas de panceta, finamente picada

2 zanahorias pequeñas, peladas y finamente picadas

1 cebolla, finamente picada

1 costilla de apio tierna, finamente picada

8 onzas de ternera molida

8 onzas de carne de cerdo molida

8 onzas de carne molida

½ taza de vino tinto seco

3 cucharadas de pasta de tomate

¼ cucharadita de nuez moscada rallada

Sal y pimienta negra recién molida

1 taza de leche

1. Prepara el caldo, si es necesario. En una olla grande, derrita la mantequilla con el aceite a fuego medio-bajo. Agrega la panceta, las zanahorias, la cebolla y el apio. Cocine la mezcla a fuego lento, revolviendo ocasionalmente, hasta que todos los saborizantes estén muy tiernos y de un rico color dorado, aproximadamente 30 minutos. Si los ingredientes empiezan a dorarse demasiado, agregue un poco de agua tibia.

2. Agrega las carnes y revuelve bien. Cocine, revolviendo con frecuencia para deshacer los grumos, hasta que las carnes

pierdan su color rosado, pero no se doren, aproximadamente 15 minutos.

3.Agregue el vino y cocine a fuego lento hasta que el líquido se evapore, aproximadamente 2 minutos. Agregue la pasta de tomate, el caldo, la nuez moscada y agregue sal y pimienta al gusto. Lleva la mezcla a fuego lento. Cocine a fuego lento, revolviendo ocasionalmente, hasta que la salsa esté espesa, aproximadamente de 2 1/2 a 3 horas. Si la salsa se vuelve demasiado espesa, agrega un poco más de caldo o agua.

4.Agrega la leche y cocina 15 minutos más. Servir caliente. Se puede preparar con anticipación y almacenar en un recipiente hermético en el refrigerador hasta por 3 días o en el congelador hasta por 2 meses.

Ragú de pato

Ragú de Anatra

Rinde unas 5 tazas

Los patos salvajes prosperan en las lagunas y marismas del Véneto, y los cocineros locales preparan platos maravillosos con ellos. Se asan, se guisan o se preparan así, en ragú. La rica y jugosa salsa se come con bigoli, espaguetis espesos de trigo integral preparados con un torchio, una prensa de pasta manual. Los patos domesticados frescos, aunque no son tan sabrosos como la variedad silvestre, son un buen sustituto. Sirvo la salsa con fettuccine y los trozos de pato como segundo plato.

Pídale al carnicero que corte el pato en cuartos o hágalo usted mismo usando unas tijeras para aves o un cuchillo de chef grande. Si prefieres no usarlo, simplemente omite el hígado.

1 patito (alrededor de 5 1/2 libras)

2 cucharadas de aceite de oliva

Sal y pimienta negra recién molida al gusto.

2 onzas de panceta, picada

2 cebollas medianas, picadas

2 zanahorias medianas, picadas

2 costillas de apio, picadas

6 hojas frescas de salvia

Una pizca de nuez moscada recién rallada

1 taza de vino blanco seco

2 1/2 tazas de tomates frescos pelados, sin semillas y picados

1. Enjuague el pato por dentro y por fuera y retire la grasa suelta de la cavidad. Con unas tijeras para aves, corte el pato en 8 trozos. Primero corta el pato a lo largo del espinazo. Abre el pato como si fuera un libro. Con un cuchillo pesado, corte el pato por la mitad a lo largo entre los dos lados de la pechuga. Corta el muslo lejos de la pechuga. Separe la pierna y el muslo por la articulación. Separe el ala y la pechuga en la articulación. Si usas hígado, córtalo en dados y resérvalo.

2. En una cacerola grande y pesada, calienta el aceite a fuego medio. Seque los trozos de pato con toallas de papel. Agregue los trozos de pato y cocine, revolviendo ocasionalmente, hasta que

se doren por todos lados. Espolvorear con sal y pimienta. Retire el pato a un plato. Retire toda la grasa menos 2 cucharadas.

3. Agrega la panceta, la cebolla, la zanahoria, el apio y la salvia a la sartén. Cocine durante 10 minutos, revolviendo ocasionalmente, hasta que las verduras estén tiernas y doradas. Agrega el vino y cocina a fuego lento durante 1 minuto.

4. Regresa el pato a la olla y agrega los tomates y el agua. Lleva el líquido a ebullición a fuego lento. Cubra parcialmente la olla y cocine, revolviendo ocasionalmente, durante 2 horas, o hasta que el pato esté muy tierno al pincharlo con un tenedor. Agregue el hígado de pato, si lo usa. Retire la sartén del fuego. Deje enfriar un poco y luego retire la grasa de la superficie. Retire los trozos de carne de la salsa con una espumadera y transfiéralo a un plato. Cubrir para mantener el calor.

5. Sirva la salsa con fettuccine cocido caliente, seguido de la carne de pato como segundo plato. Todo el plato se puede cocinar con anticipación hasta con 2 días de anticipación, guardar en un recipiente hermético y refrigerar.

Ragú de conejo o pollo

Ragú di Coniglio o Pollo

Rinde 3 tazas

Para la cena de Pascua era tradicional en nuestra casa comenzar con pasta en ragú de conejo. Para aquellos de la familia reacios a comer conejo, mi madre hacía la misma salsa con pollo. Dada la suavidad de la carne de conejo, siempre encontré mucho más sabroso el ragú de pollo. Pídele al carnicero que te corte el conejo o el pollo.

1 conejo o pollo pequeño, cortado en 8 trozos

2 cucharadas de aceite de oliva

1 lata (28 onzas) de tomates italianos pelados importados con su jugo, picados

1 cebolla mediana, finamente picada

1 zanahoria mediana, finamente picada

1 diente de ajo, finamente picado

1/2 taza de vino blanco seco

1 cucharadita de romero fresco picado

Sal y pimienta negra recién molida

1. En una sartén grande, calienta el aceite a fuego medio. Seque los trozos de conejo o pollo y espolvoréelos con sal y pimienta. Colóquelos en la sartén y dórelos bien por todos lados, unos 20 minutos.

2. Retire los trozos a un plato. Retire con una cuchara todas menos dos cucharadas de grasa de la sartén.

3. Agrega la cebolla, la zanahoria, el ajo y el romero a la sartén. Cocine, revolviendo con frecuencia, hasta que las verduras estén tiernas y ligeramente doradas. Agrega el vino y cocina a fuego lento durante 1 minuto. Pasa los tomates con su jugo por un pasapurés, o hazlos puré en una licuadora o procesador de alimentos, y agrégalos a la olla. Añadir sal y pimienta al gusto. Reduzca el fuego a bajo y cubra parcialmente la sartén. Cocine a fuego lento durante 15 minutos, revolviendo ocasionalmente.

4. Regresa la carne a la sartén. Cocine durante 20 minutos, revolviendo ocasionalmente, hasta que la carne esté tierna y se desprenda o se separe fácilmente del hueso. Retire los trozos de carne de la salsa con una espumadera y transfiéralo a un plato. Cubrir para mantener el calor.

5. Sirva la salsa sobre fettuccine cocido caliente, seguido del conejo o pollo como segundo plato. Se puede preparar con anticipación y almacenar en un recipiente hermético en el refrigerador hasta por 3 días o en el congelador hasta por 2 meses.

Boletus y ragú de carne

Ragú de hongos y carne

Rinde aproximadamente 6 tazas

Aunque se ha escrito mucho sobre las grandes trufas blancas del Piamonte, los hongos porcini, llamados cèpes por los franceses, son un gran tesoro de la región. Abundantes después de la lluvia, los gruesos sombreros marrones de los porcini están sostenidos por tallos cortos de color blanco cremoso, lo que les da un aspecto regordete. Su nombre significa cerditos. A la parrilla o asado con aceite de oliva y hierbas, el sabor de los hongos es dulce y a nuez. Debido a que los porcini frescos solo están disponibles en primavera y otoño, los cocineros de esta región dependen de los porcini secos el resto del año para darle a las salsas y estofados un rico sabor amaderado.

Los porcini secos generalmente se venden en paquetes de plástico transparente o celofán. Busque rebanadas enteras grandes con un mínimo de migas y restos en el fondo de la bolsa. La fecha de caducidad debe ser dentro del año. El sabor se desvanece a medida que los champiñones envejecen. Guarde los porcini secos en un recipiente herméticamente cerrado.

1½ tazas caseras Brote De Carne ho caldo de carne comprado en la tienda

1 onza de champiñones porcini secos

2 tazas de agua tibia

2 cucharadas de aceite de oliva

2 onzas de panceta picada

1 zanahoria, picada

1 cebolla mediana, picada

1 costilla de apio, picada

1 diente de ajo, muy finamente picado

1½ libras de ternera molida

½ taza de vino blanco seco

Sal y pimienta negra recién molida

1 taza de tomates italianos importados frescos o enlatados picados

¼ cucharadita de nuez moscada recién rallada

1. Prepara el caldo, si es necesario. En un recipiente mediano, remoja los champiñones en agua durante 30 minutos. Saca los champiñones del líquido de remojo. Cuela el líquido a través de un filtro de café de papel o un trozo de estopilla humedecida en un recipiente limpio y reserva. Enjuague los champiñones con agua corriente, prestando especial atención a la base donde se acumula la tierra. Picar finamente los champiñones.

2. Vierta el aceite en una cacerola grande. Agrega la panceta y cocina a fuego medio unos 5 minutos. Agrega la zanahoria, la cebolla, el apio y el ajo y cocina, revolviendo frecuentemente, hasta que estén tiernos y dorados, unos 10 minutos más. Agregue la ternera y cocine hasta que esté ligeramente dorada, revolviendo frecuentemente para deshacer los grumos. Agrega el vino y cocina 1 minuto. Sazone al gusto con sal y pimienta.

3. Agregue los tomates, los champiñones, la nuez moscada y el líquido de los champiñones reservado. Llevar a fuego lento. Cocine 1 hora o hasta que la salsa espese. Servir caliente. Se puede preparar con anticipación y almacenar en un recipiente hermético en el refrigerador hasta por 3 días o en el congelador hasta por 2 meses.

Ragú De Cerdo Con Hierbas Frescas

Ragú de Maiale

Rinde 6 tazas

En la casa de Natale Liberale en Puglia, mi esposo y yo comimos este ragú de cerdo molido sobre troccoli, espaguetis frescos cortados en cuadrados similares a la pasta alla chitarra de Abruzzo. Lo hizo su madre Enza, quien me mostró cómo cortaba láminas de pasta al huevo casera con un rodillo especial de madera con estrías. El ragú también queda bien con orecchiette o fettuccine fresco.

La variedad de hierbas hace que el ragú de Enza sea distintivo. Profundizan el sabor de la salsa a medida que hierven a fuego lento. Las hierbas frescas son ideales, pero se pueden sustituir por hierbas congeladas o secas, aunque evito la albahaca seca, que es desagradable. Sustituya el perejil fresco si no dispone de albahaca.

4 cucharadas de aceite de oliva

1 cebolla mediana, finamente picada

½ taza de albahaca fresca picada o perejil de hoja plana

¼ taza de hojas de menta fresca picadas o 1 cucharadita seca

1 cucharada de salvia fresca picada o 1 cucharadita seca

1 cucharadita de romero fresco picado o 1/2 cucharadita seco

1/2 cucharadita de semillas de hinojo

1 libra de cerdo molido

Sal y pimienta negra recién molida

1/2 taza de vino tinto seco

1 lata (28 onzas) de tomates italianos pelados importados con su jugo, picados

1. Pon el aceite, la cebolla, todas las hierbas y las semillas de hinojo en una cacerola grande y enciende el fuego a medio. Cocine, revolviendo ocasionalmente, hasta que la cebolla esté tierna y dorada, aproximadamente 10 minutos.

2. Agrega la carne de cerdo, luego la sal y la pimienta al gusto. Cocine, revolviendo frecuentemente para deshacer los grumos, hasta que la carne de cerdo pierda su color rosado, aproximadamente 10 minutos. Agrega el vino y cocina a fuego lento durante 5 minutos. Agregue los tomates y cocine durante 1 hora o hasta que la salsa espese. Servir caliente. Se puede preparar con anticipación y almacenar en un recipiente

hermético en el refrigerador hasta por 3 días o en el congelador hasta por 2 meses.

Ragú de Carne Trufado

Ragú Tartufato

Rinde 5 tazas

En Umbría, las trufas negras cultivadas en la región se añaden al ragú al final del tiempo de cocción. Le dan a la salsa un sabor amaderado especial.

Puede omitir la trufa o usar una trufa en frasco, disponible en tiendas especializadas. Otra alternativa es utilizar un poquito de aceite de trufa. Utilice poca cantidad, ya que su sabor puede resultar abrumador. Sirva esta salsa con fettuccine fresco. La salsa es tan rica que no es necesario queso rallado.

1 onza de champiñones porcini secos

2 tazas de agua caliente

2 cucharadas de mantequilla sin sal

8 onzas de carne de cerdo molida

8 onzas de ternera molida

2 onzas de panceta en rodajas, finamente picada

1 rama de apio, cortada por la mitad

1 zanahoria mediana, cortada por la mitad

1 cebolla pequeña, pelada pero entera

2 tomates frescos de tamaño mediano, pelados, sin semillas y picados, o 1 taza de tomates enlatados italianos importados, escurridos y picados

1 cucharada de pasta de tomate

¼ taza de crema espesa

1 trufa negra pequeña, fresca o en frasco, en rodajas finas o unas gotas de aceite de trufa

Una pizca de nuez moscada recién rallada

1. Coloca los champiñones porcini en un bol con el agua. Deje en remojo 30 minutos. Saca los champiñones del líquido. Cuela el líquido a través de un filtro de café o una gasa humedecida en un recipiente limpio y reserva. Lave bien los champiñones con agua fría, prestando especial atención a la base de los tallos donde se acumula la tierra. Picar finamente los champiñones.

2. En una cacerola grande, derrita la mantequilla a fuego medio. Agregue las carnes y cocine, revolviendo para deshacer los grumos, hasta que la carne pierda su color rosado pero no se dore. Debe quedar suave.

3. Agregue el vino y cocine a fuego lento durante 1 minuto. Agrega el apio, la zanahoria, la cebolla y los champiñones y 1 taza de su líquido, los tomates y la pasta de tomate y revuelve bien. Deja cocinar a fuego muy lento durante 1 hora. Si la salsa se vuelve demasiado seca, agregue un poco del líquido de los champiñones.

4. Cuando el ragú se haya cocido durante 1 hora, retira el apio, la zanahoria y la cebolla. La salsa se puede preparar con anticipación hasta este punto. Déjelo enfriar, luego guárdelo en un recipiente hermético y refrigérelo hasta por 3 días o guárdelo en el congelador hasta por 2 meses. Vuelva a calentar la salsa antes de continuar.

5. Justo antes de servir, añade a la salsa picante la nata, la trufa y la nuez moscada. Remueve suavemente pero no cocines, para conservar el sabor de la trufa. Servir caliente.

Salsa De Mantequilla Y Salvia

Salsa al Burro y Salvia

Rinde 1/2 taza

Esto es tan básico que dudé si incluirlo, pero es la salsa clásica para la pasta fresca al huevo, especialmente la pasta rellena como los ravioles. Use mantequilla fresca y espolvoree el plato terminado con queso Parmigiano-Reggiano recién rallado.

1 barra de mantequilla sin sal

6 hojas de salvia

Sal y pimienta negra recién molida

Parmigiano Reggiano

Derretir la mantequilla con la salvia a fuego lento. Cocine a fuego lento durante 1 minuto. Sazone al gusto con sal y pimienta. Sirva con pasta cocida caliente y cubra con queso Parmigiano-Reggiano.

Variación: Salsa de Mantequilla Dorada: Cocine la mantequilla por unos minutos hasta que se dore ligeramente. Deja de lado la salvia.

Salsa de avellanas: Agrega 1/4 taza de avellanas tostadas picadas a la mantequilla. Deja de lado la salvia.

Aceite Santo

Olio Santo

Rinde 1 taza

Los italianos de Toscana, Abruzos y otras regiones del centro de Italia llaman a este aceite sagrado porque se utiliza para "ungir" muchas sopas y pastas, del mismo modo que el aceite bendito se utiliza en ciertos sacramentos. Vierta este aceite en sopas o agréguelo a la pasta. ¡Cuidado, hace calor!

Puedes utilizar chiles secos que encuentras en tu supermercado. Si se encuentra en un mercado italiano, busque peperoncino o "pimientos picantes" que se venden en paquetes.

1 cucharada de chiles secos triturados o pimiento rojo triturado

1 taza de aceite de oliva extra virgen

En una pequeña botella de vidrio, combine los pimientos y el aceite. Tapar y agitar bien. Dejar reposar 1 semana antes de usar. Almacenar en un lugar fresco y oscuro hasta por 3 meses.

Salsa De Queso Fontina

fonduta

Rinde 1¾ tazas

En Locanda di Felicin en Monforte d'Alba en Piamonte, el propietario Giorgio Rocca sirve esta rica y deliciosa salsa en platos poco profundos, cubierta con trufas raspadas como aperitivo o sobre verduras como brócoli o espárragos. Intentalo <u>Ñoquis de papa</u>, *también.*

2 yemas de huevo grandes

1 taza de crema espesa

½ libra de Fontina Valle d'Aosta, cortada en cubos de ½ pulgada

En una cacerola pequeña, mezcle las yemas de huevo y la nata. Agrega el queso y cocina a fuego medio, revolviendo constantemente, hasta que el queso se derrita y la salsa esté suave, aproximadamente 2 minutos. Servir caliente.

Salsa bechamel

Salsa Balsamella

Rinde aproximadamente 4 tazas

Esta salsa blanca básica generalmente se combina con queso y se usa sobre pasta o verduras al horno. La receta se puede reducir fácilmente a la mitad.

1 litro de leche

6 cucharadas de mantequilla sin sal

5 cucharadas de harina

Sal y pimienta negra recién molida al gusto

Una pizca de nuez moscada recién rallada

1. Calienta la leche en una cacerola mediana hasta que se formen pequeñas burbujas en el borde.

2. Derrita la mantequilla en una cacerola grande a fuego medio-bajo. Agrega la harina y revuelve bien. Cocine 2 minutos.

3. Comience a agregar lentamente la leche en un chorro fino, revolviendo con un batidor de varillas. Al principio, la salsa se

volverá espesa y grumosa, pero gradualmente se aflojará y se volverá suave a medida que agregue el resto.

4. Cuando se haya agregado toda la leche, agregue la sal, la pimienta y la nuez moscada. Sube el fuego a medio y revuelve constantemente hasta que la mezcla hierva a fuego lento. Cocine 2 minutos más. Retirar del fuego. Esta salsa se puede preparar hasta 2 días antes de usarla. Viértalo en un recipiente, coloque un trozo de envoltura de plástico directamente contra la superficie y ciérrelo herméticamente para evitar que se forme una piel, luego refrigere. Vuelva a calentar a fuego lento antes de usar agregando un poco más de leche si está demasiado espesa.

Salsa de Ajo

agliata

Rinde 1 1/2 tazas

La salsa de ajo se puede servir con carnes, pollo o pescado hervidos o asados. Incluso lo he mezclado con pasta cocida caliente para una comida rápida. Esta versión es del Piamonte, aunque también he comido agliata hecha sin frutos secos en Sicilia. Me gusta el sabor que le dan las nueces tostadas.

2 dientes de ajo

2 o 3 rebanadas de pan italiano, sin corteza

1/2 taza de nueces tostadas

1 taza de aceite de oliva extra virgen

Sal y pimienta negra recién molida

1. En un procesador de alimentos o licuadora, combine el ajo, el pan, las nueces y la sal y pimienta al gusto. Procese hasta que esté finamente picado.

2. Con la máquina en marcha, incorpora poco a poco el aceite. Procese hasta que la salsa esté espesa y suave.

3. Dejar reposar a temperatura ambiente 1 hora antes de servir.

Salsa Verde

Salsa Verde

Rinde 1 1/2 tazas

Aunque he comido salsa verde de una forma u otra en toda Italia, esta versión es mi favorita porque el pan le da una textura cremosa y ayuda a mantener el perejil suspendido en el líquido. De lo contrario, el perejil y otros sólidos tienden a hundirse hasta el fondo. Sirva salsa verde con el clásico plato de carne hervida Bollito Misto (<u>Carnes Hervidas Mixtas</u>), con pescado a la parrilla o asado, o sobre tomates en rodajas, huevos duros o verduras al vapor. Las posibilidades son infinitas.

3 tazas de perejil fresco de hoja plana, sin apretar

1 diente de ajo

1/4 taza de pan italiano o francés sin corteza, en cubos

6 filetes de anchoa

3 cucharadas de alcaparras escurridas

1 taza de aceite de oliva extra virgen

2 cucharadas de vinagre de vino tinto o blanco

Sal

1. En un procesador de alimentos, pica finamente el perejil y el ajo. Agrega los cubos de pan, las anchoas y las alcaparras y procesa hasta que estén finamente picados.

2. Con la máquina en marcha añadimos el aceite y el vinagre y una pizca de sal. Una vez mezclado, pruebe para sazonar; ajustar según sea necesario. Cubra y almacene a temperatura ambiente hasta por dos horas o en el refrigerador para un almacenamiento más prolongado.

Salsa siciliana de ajo y alcaparras

Ammoghiu

Rinde aproximadamente 2 tazas

La isla de Pantelleria frente a la costa de Sicilia es conocida tanto por su aromático vino de postre moscato di Pantelleria como por sus excelentes alcaparras. Las alcaparras prosperan y crecen de forma silvestre en toda la isla. En primavera las plantas se cubren de hermosas flores rosadas y blancas. Los capullos de las flores sin abrir son las alcaparras, que se cosechan y se conservan en sal marina gruesa, otra especialidad local. Los sicilianos creen que la sal conserva mejor el sabor fresco de las alcaparras que el vinagre.

Esta salsa cruda de alcaparras, tomates y mucho ajo es la favorita siciliana para acompañar pescado o pasta. Una forma de servirlo es con pescado frito crujiente o calamares.

8 dientes de ajo, pelados

1 taza de hojas de albahaca, enjuagadas y secas

½ taza de hojas de perejil fresco

unas hojas de apio

6 tomates pera frescos, pelados y sin semillas

2 cucharadas de alcaparras, enjuagadas y escurridas

½ taza de aceite de oliva virgen extra

Sal y pimienta negra recién molida

1. En un procesador de alimentos, pique finamente el ajo, la albahaca, el perejil y las hojas de apio. Agrega los tomates y las alcaparras y procesa hasta que quede suave.

2. Con la máquina en marcha, vamos añadiendo poco a poco el aceite de oliva y salpimentamos al gusto. Procese hasta que quede suave y bien mezclado. Dejar reposar 1 hora antes de servir. Servir a temperatura ambiente.

Salsa De Perejil Y Huevo

Salsa di Prezzemolo y Uova

Rinde 2 tazas

En Trentino-Alto Adigio, esta salsa se sirve con espárragos tiernos frescos. Los huevos duros le dan un rico sabor y una textura cremosa. Combina bien con pollo escalfado, salmón o verduras como judías verdes y espárragos.

4 huevos grandes

1 taza de perejil fresco de hoja plana ligeramente compactado

2 cucharadas de alcaparras, enjuagadas, escurridas y picadas

1 diente de ajo

1 cucharadita de ralladura de limón

1 taza de aceite de oliva extra virgen

1 cucharada de jugo de limón fresco

Sal y pimienta negra recién molida

1. Coloca los huevos en una cacerola pequeña con agua fría hasta cubrirlos. Lleva el agua a fuego lento. Cocine por 12 minutos. Deje que los huevos se enfríen con agua corriente fría. Escurrir y pelar. Picar los huevos y colocarlos en un bol.

2. En un procesador de alimentos o a mano, pique muy finamente el perejil, las alcaparras y el ajo. Transfiérelos al bol con los huevos.

3. Agrega la ralladura de limón. Con un batidor, agregue el aceite, el jugo de limón y sal y pimienta al gusto. Vierta en una salsera. Cubra y enfríe durante 1 hora o toda la noche.

4. Saca la salsa del refrigerador al menos 1/2 hora antes de servir. Revuelva bien y pruebe el condimento.

Variación: Agregue 1 cucharada de cebollino fresco picado.

Salsa De Pimiento Rojo Y Tomate

Bagnetto Rosso

Rinde aproximadamente 2 pintas

En el Piamonte, en el norte de Italia, esta salsa se elabora en grandes cantidades durante los meses de verano, cuando abundan las verduras. El nombre significa "baño rojo" porque la salsa se usa para carne hervida o con pollo, pasta, tortillas o verduras crudas.

4 pimientos rojos grandes, picados

1 taza de tomates frescos pelados, sin semillas y picados

1 cebolla mediana, picada

2 cucharadas de aceite de oliva

1 cucharada de vinagre de vino

1 cucharadita de azúcar

Una pizca de pimiento rojo triturado

Una pizca de canela molida

1. En una olla grande, combine todos los ingredientes. Tapa la olla y cocina a fuego lento. Llevar a fuego lento. (Vigilar con atención que no se queme. Añadir un poco de agua si no queda suficiente líquido.) Cocinar 1 hora, revolviendo de vez en cuando, hasta que los pimientos estén bien tiernos.

2. Dejar enfriar un poco. Pasar los ingredientes por un pasapurés o procesar hasta que quede suave en una licuadora o procesador de alimentos. Gusto por sazonar. Transfiera la salsa a recipientes herméticamente cerrados y refrigere hasta por 1 semana o congele hasta por tres meses. Servir a temperatura ambiente.

Salsa De Oliva

Salsa de Oliva

Rinde aproximadamente 1 taza

Es conveniente tener a mano pasta de aceitunas en frasco como aderezo rápido para crostini o esta salsa fácil para carnes a la parrilla. Se pueden sustituir por aceitunas finamente picadas. Queda maravilloso con lomo de rosbif o como salsa para pan o focaccia.

½ taza de pasta de aceitunas negras

1 diente de ajo, pelado y aplastado con el filo de un cuchillo

1 cucharada de romero fresco cortado

½ taza de aceite de oliva virgen extra

1 a 2 cucharadas de vinagre balsámico

En un tazón mediano, mezcle la pasta de aceitunas, el ajo, el romero, el aceite y el vinagre. Si la salsa queda demasiado espesa, diluirla con un poco más de aceite. Dejar reposar a temperatura ambiente al menos 1 hora. Retire el ajo antes de servir.

Salsa De Tomate Secado Al Sol

Salsa de pomodori secchi

Rinde aproximadamente 3⁄4 taza

Rocíe esta salsa sobre filetes, rosbif o cerdo frío o, como antipasto, sobre un trozo de queso de cabra suave.

1⁄2 taza de tomates secados al sol, marinados y escurridos, muy finamente picados

2 cucharadas de perejil fresco picado

1 cucharada de alcaparras picadas

1⁄2 taza de aceite de oliva virgen extra

1 cucharada de vinagre balsámico

Pimienta negra recién molida

En un tazón mediano, mezcle todos los ingredientes. Dejar reposar 1 hora a temperatura ambiente antes de servir. Servir a temperatura ambiente. Guárdelo en un recipiente hermético en el refrigerador hasta por 2 días.

Salsa De Pimienta Estilo Molise

Salsa de peperoni

Rinde aproximadamente 1 taza

Molise es una de las regiones más pequeñas y pobres de Italia, pero la comida está llena de sabor. Pruebe esta picante salsa de pimienta, llamada jevezarola en dialecto, como condimento con carnes o pollo asados o a la parrilla. Incluso me gusta con atún a la parrilla. Puedes usar el tuyo<u>Pimientos en vinagre</u>o la variedad comprada en la tienda. Si le gusta la comida picante, agregue algunos pimientos rojos picantes en escabeche.

1 taza de pimientos rojos encurtidos, escurridos

1 cebolla mediana, picada

1 cucharada de azúcar

4 cucharadas de aceite de oliva

1.Coloca los pimientos, la cebolla y el azúcar en un procesador de alimentos o licuadora. Mezclar hasta que esté suave. Agrega el aceite y mezcla bien.

2.Vierta la mezcla en una cacerola pequeña y pesada. Cocine, revolviendo con frecuencia, hasta que esté muy espeso, aproximadamente 45 minutos. Retirar del fuego y dejar enfriar antes de servir. Servir a temperatura ambiente. Guárdelo en un recipiente hermético en el refrigerador hasta por 1 mes.

Mayonesa De Aceite De Oliva

Maionesa

Rinde 1 taza

La mayonesa casera marca la diferencia cuando se sirve de forma sencilla, por ejemplo, untada sobre tomates maduros, huevos duros, pescado escalfado, pollo en rodajas o sándwiches. Para hacerlo, me gusta usar un aceite de oliva extra virgen de sabor suave o mezclar un aceite de sabor intenso con aceite vegetal. Haz la mayonesa a mano con una batidora de varillas o utiliza una batidora eléctrica.

La salmonella en los huevos crudos se ha reducido considerablemente en los últimos años, pero si tiene alguna duda, puede hacer un sustituto razonable realzando la mayonesa en frasco con gotas de aceite de oliva y jugo de limón fresco al gusto.

2 yemas de huevo grandes, a temperatura ambiente

2 cucharadas de jugo de limón fresco

¼ cucharadita de sal

1 taza de aceite de oliva virgen extra o 1/2 taza de aceite vegetal más 1/2 taza de aceite de oliva virgen extra

1. En un tazón mediano, mezcle las yemas de huevo, el jugo de limón y la sal hasta que estén de color amarillo pálido y espeso.

2. Continúe batiendo mientras agrega poco a poco el aceite a gotas hasta que la mezcla comience a endurecerse. A medida que espese, agregue el aceite restante de manera más constante, asegurándose de que se absorba antes de agregar más. Si en algún momento el aceite deja de absorberse, deja de agregar aceite y bate rápidamente hasta que la salsa vuelva a estar suave.

3. Pruebe y ajuste la sazón. Sirva inmediatamente o cubra y refrigere hasta por 2 días.

Variación: Mayonesa de hierbas: Agregue 2 cucharadas de albahaca o perejil fresco picado muy finamente. Mayonesa de limón: agregue 1/2 cucharadita de ralladura de limón fresco.

Salsa De Mayonesa De Naranja

Salsa Maionesa all'Arancia

Rinde 1 1/4 tazas

La gamba roja dulce es una especialidad en Cerdeña. Durante nuestra estancia en el Hotel Cala di Volpe en la Costa Esmeralda, nos sirvieron camarones sobre una cama de tierna lechuga verde con una delicada salsa teñida de naranja. Los camarones estaban excelentes por sí solos, pero no podía dejar de comer la salsa. Sabía que estaba basado en mayonesa, pero de alguna manera parecía más ligero. Finalmente, le pregunté al camarero, quien me contó el secreto: el chef había agregado yogur a la mayonesa, lo que agrega cremosidad y al mismo tiempo reduce la riqueza de la mayonesa. Este aderezo fácil queda muy bien con salmón escalfado o huevos.

1/2 taza de mayonesa (casera o comprada)

1/2 taza de yogur natural

2 cucharadas de jugo de naranja fresco

1/2 cucharadita de ralladura de naranja

2 cucharaditas de cebollino picado

Sal y pimienta negra recién molida al gusto

En un bol, mezcle todos los ingredientes. Pruebe y ajuste la sazón. Refrigera hasta el momento de servir.

Linguini con Ajo, Aceite y Pimiento Picante

Linguine Aglio, Olio, e Peperoncino

Rinde de 4 a 6 porciones

El ajo, el aceite de oliva virgen extra afrutado, el perejil y el pimiento picante son los condimentos sencillos para esta pasta más sabrosa. Es esencial un aceite de oliva con mucho sabor, al igual que el ajo y el perejil frescos. Cocine el ajo lentamente para que el aceite se sature con su potente sabor. No dejes que el ajo adquiera más que un color dorado, o adquirirá un sabor amargo y acre. Algunos cocineros omiten el perejil, pero a mí me encanta el sabor fresco que aporta.

½ taza de aceite de oliva virgen extra

4 a 6 dientes de ajo grandes, en rodajas finas

½ cucharadita de pimiento rojo triturado

⅓ taza de perejil fresco picado

Sal

1 libra de linguini o espagueti

1. Vierta el aceite en una sartén lo suficientemente grande como para contener la pasta cocida. Agrega el ajo y el pimiento rojo

triturado. Cocine a fuego medio, revolviendo con frecuencia, hasta que el ajo esté dorado, aproximadamente de 4 a 5 minutos. Agrega el perejil y apaga el fuego.

2. Ponga a hervir al menos 4 litros de agua fría. Agrega 2 cucharadas de sal, luego la pasta, empujándola hacia abajo hasta que la pasta esté completamente cubierta de agua. Cocine a fuego alto, revolviendo con frecuencia, hasta que la pasta esté al dente, tierna pero aún firme al morder. Reserva un poco del agua de cocción. Escurre la pasta y agrégala a la sartén con la salsa.

3. Cocine a fuego medio, revolviendo hasta que la pasta esté bien cubierta con la salsa. Agrega un poco del agua de cocción reservada si la pasta parece seca. Servir inmediatamente.

Variación: Agrega aceitunas negras o verdes picadas, alcaparras o anchoas junto con el ajo. Servir espolvoreado con pan rallado tostado en aceite de oliva o queso rallado.

Espaguetis con Ajo y Aceitunas

Espaguetis al Aglio y Olivas

Rinde de 4 a 6 porciones

Esta salsa para pasta rápida se puede preparar con aceitunas que usted mismo deshuesa y pica, pero es más conveniente preparar pasta de aceitunas. Debido a que la pasta de aceitunas y las aceitunas pueden ser saladas, no agregue queso rallado a este plato.

¼ taza de aceite de oliva

3 dientes de ajo, cortados en rodajas finas

Una pizca de pimiento rojo triturado

¼ taza de pasta de aceitunas verdes, o al gusto, o 1 taza de aceitunas verdes sin hueso picadas

2 cucharadas de perejil fresco picado

Sal

1 libra de espaguetis o linguini

1. Vierta el aceite en una sartén lo suficientemente grande como para contener la pasta cocida. Agrega el ajo y el pimiento rojo

triturado. Cocine a fuego medio hasta que el ajo esté dorado, aproximadamente de 4 a 5 minutos. Agrega la pasta de aceitunas o las aceitunas y el perejil y retira la sartén del fuego.

2. Ponga a hervir 4 litros de agua en una olla grande. Agrega 2 cucharadas de sal, luego la pasta, empujándola suavemente hacia abajo hasta que la pasta esté completamente cubierta de agua. Cocine a fuego alto, revolviendo con frecuencia, hasta que la pasta esté al dente, tierna pero aún firme al morder. Reserva un poco del agua de cocción. Escurre la pasta y agrégala a la sartén con la salsa.

3. Cocine a fuego medio, revolviendo hasta que la pasta esté bien cubierta con la salsa. Agrega un poco del agua de cocción caliente si la pasta parece seca. Servir inmediatamente.

Linguini al pesto

Linguine al pesto

Rinde de 4 a 6 porciones

En Liguria, el pesto se elabora machacando el ajo y las hierbas en un mortero hasta que se forme una pasta espesa. Allí se utiliza una variedad de albahaca de sabor suave y hojas diminutas de no más de media pulgada de largo. El pesto que hace es mucho más sutil que el que se hace con albahaca que tenemos en Estados Unidos. Para aproximarse al sabor del pesto de Liguria, agrego un poco de perejil de hoja plana. El perejil mantiene su color mejor que la albahaca, que tiende a ennegrecerse cuando se pica, por lo que el pesto conserva un color verde aterciopelado. Si viaja a Liguria y le gusta la jardinería, compre un paquete de pequeñas semillas de albahaca y cultívelas en el jardín de su casa. No existe ninguna prohibición de traer a casa semillas envasadas desde Italia.

1 taza de hojas de albahaca bien apretadas, enjuagadas y secas

¼ taza de perejil fresco de hoja plana bien compactado, enjuagado y seco

2 cucharadas de piñones o almendras blanqueadas

1 diente de ajo

Sal gruesa

1/3 taza de aceite de oliva virgen extra

1 libra de linguini

1/2 taza de Parmigiano-Reggiano recién rallado

2 cucharadas de mantequilla sin sal, ablandada

1. En un procesador de alimentos picamos las hojas de albahaca y perejil con los piñones, el ajo y una pizca de sal hasta que queden muy finos. Agregue poco a poco el aceite de oliva en un chorro fino y mezcle hasta que quede suave. Gusto por sazonar.

2. Ponga a hervir 4 litros de agua en una olla grande. Agrega 2 cucharadas de sal, luego la pasta, empujándola suavemente hacia abajo hasta que la pasta esté completamente cubierta de agua. Revuelva bien. Cocine, revolviendo con frecuencia, hasta que la pasta esté al dente, tierna pero aún firme al morder. Reserva un poco del agua de cocción. Escurrir la pasta.

3. Coloque la pasta en un tazón grande para servir caliente. Agrega el pesto, el queso y la mantequilla. Mezcle bien y agregue un poco del agua de la pasta reservada para diluir el pesto si es necesario. Servir inmediatamente.

Espaguetis finos con nueces

Spaghettini con le Noci

Rinde de 4 a 6 porciones

Esta es una receta napolitana que a menudo se come en las comidas de los viernes sin carne. Para esta salsa para pasta, las nueces deben picarse muy finamente, de modo que los trozos se adhieran a la pasta mientras se gira. Córtelos con un cuchillo o use un procesador de alimentos si lo prefiere, pero no los procese demasiado hasta formar una pasta.

1/4 taza de aceite de oliva

3 dientes de ajo grandes, ligeramente machacados

1 taza de nueces, finamente picadas

Sal

1 libra de espaguetis, linguini finos o fideos

1/2 taza de pecorino romano recién rallado

Pimienta negra recién molida

2 cucharadas de perejil fresco picado

1. Vierta el aceite en una sartén lo suficientemente grande como para contener la pasta. Agregue el ajo y cocine a fuego medio presionando el ajo ocasionalmente con el dorso de una cuchara hasta que adquiera un color dorado intenso, aproximadamente de 3 a 4 minutos. Retire el ajo de la sartén. Agregue las nueces y cocine hasta que estén ligeramente tostadas, aproximadamente 5 minutos.

2. Ponga a hervir al menos 4 litros de agua en una olla grande. Agrega 2 cucharadas de sal, luego la pasta. Revuelva bien. Cocine a fuego alto, revolviendo con frecuencia, hasta que la pasta esté al dente, tierna pero aún firme al morder. Escurrir la pasta reservando un poco del agua de cocción.

3. Mezcle la pasta con la salsa de nueces y suficiente agua de cocción para mantenerla húmeda. Agrega el queso y una generosa pizca de pimienta negra. Mezcle bien. Agrega el perejil y sirve inmediatamente.

Linguini con tomates secados al sol

Linguine con Pomodori Secchi

Rinde de 4 a 6 porciones

Un frasco de tomates secados al sol marinados en la despensa e invitados inesperados inspiraron este rápido plato de pasta. El aceite en el que se envasan la mayoría de los tomates secados al sol marinados generalmente no es de la más alta calidad, por lo que prefiero escurrirlo y agregar mi propio aceite de oliva virgen extra a esta salsa fácil.

1 frasco (aproximadamente 6 onzas) de tomates secados al sol marinados, escurridos

1 diente de ajo pequeño

¼ taza de aceite de oliva virgen extra

1 cucharada de vinagre balsámico

Sal

1 libra de linguini

6 hojas de albahaca fresca, apiladas y cortadas en tiras finas

1. En un procesador de alimentos o licuadora, combine los tomates y el ajo y procese hasta que estén picados muy finos. Agregue lentamente el aceite y el vinagre y mezcle hasta que quede suave. Gusto por sazonar.

2. Ponga a hervir al menos 4 litros de agua en una olla grande. Agrega 2 cucharadas de sal, luego la pasta, empujándola suavemente hacia abajo hasta que la pasta esté completamente cubierta de agua. Revuelva bien. Cocine a fuego alto, revolviendo con frecuencia, hasta que la pasta esté al dente, tierna pero aún firme al morder. Reserva un poco del agua de cocción. Escurrir la pasta.

3. En un tazón grande, mezcle la pasta con la salsa de tomate y la albahaca fresca, agregando un poco del agua de la pasta reservada si es necesario. Servir inmediatamente.

Variación: Agregue una lata de atún escurrido y envasado en aceite de oliva a la pasta y la salsa. O añadir unas aceitunas negras o anchoas picadas.

Espaguetis con pimientos, queso pecorino y albahaca

Espaguetis con peperoni

Rinde de 4 a 6 porciones

Comer espaguetis, linguini u otras pastas largas con cuchara y tenedor no se considera de buena educación en Italia, como tampoco lo es cortar las hebras en trozos cortos. A los niños se les enseña desde muy pequeños a girar algunas hebras de pasta con un tenedor y a comerlas limpiamente sin sorber.

Según una leyenda, el tenedor de tres púas se inventó con este fin a mediados del siglo XIX. Hasta entonces, la pasta siempre se comía con las manos y los tenedores sólo tenían dos púas porque se utilizaban principalmente para pinchar la carne. El rey Fernando II de Nápoles pidió a su chambelán, Cesare Spadaccini, que inventara una forma de servir pasta larga en los banquetes de la corte. A Spadaccini se le ocurrió un tenedor de tres púas y el resto es historia.

Los chiles frescos y picantes son típicos de la cocina de Calabria. Aquí se combinan con pimientos morrones y se sirven con espaguetis. El queso pecorino rallado es un contrapunto agradable y salado al dulzor de los pimientos morrones y la albahaca.

¼ taza de aceite de oliva

4 pimientos rojos grandes, cortados en tiras finas

1 o 2 chiles frescos pequeños, sin semillas y picados, o una pizca de pimiento rojo triturado

Sal

2 dientes de ajo, en rodajas finas

12 hojas de albahaca fresca, cortadas en tiras finas

⅓ taza de pecorino romano recién rallado

1 libra de espaguetis

1. En una sartén lo suficientemente grande como para contener la pasta cocida, calienta el aceite a fuego medio. Agrega los pimientos, los chiles y la sal. Cocine, revolviendo ocasionalmente, durante 10 minutos.

2. Agrega el ajo. Tapa y cocina 10 minutos más o hasta que los pimientos estén muy tiernos. Retire del fuego y agregue la albahaca.

3. Ponga a hervir al menos 4 litros de agua en una olla grande. Agrega 2 cucharadas de sal, luego la pasta, empujándola suavemente hacia abajo hasta que la pasta esté completamente cubierta de agua. Revuelva bien. Cocine, revolviendo con frecuencia, hasta que los espaguetis estén al dente, tiernos pero aún firmes al morder. Reserva un poco del agua de cocción. Escurre la pasta y agrégala a la sartén con la salsa.

4. Cocine a fuego medio, revolviendo constantemente, durante 1 minuto. Removemos bien añadiendo un poco del agua de la pasta reservada. Agrega el queso y revuelve nuevamente. Servir inmediatamente.

Penne con calabacín, albahaca y huevos

Penne con calabacín y uova

Rinde de 4 a 6 porciones

El mito de que la pasta fue "inventada" en China y llevada a Italia por Marco Polo es persistente. Si bien es posible que en China se comieran fideos durante la visita de Polo, la pasta era muy conocida en Italia mucho antes de su regreso a Venecia en 1279. Los arqueólogos han encontrado dibujos e instrumentos de cocina que se asemejan a las herramientas modernas para hacer pasta, como un rodillo y rueda de corte, en una tumba etrusca del siglo IV a. C. justo al norte de Roma. La leyenda probablemente pueda atribuirse a la representación que Hollywood hizo del explorador veneciano en una película de los años 30 protagonizada por Gary Cooper.

En esta receta napolitana, el calor de la pasta y las verduras cuece los huevos hasta que estén cremosos y ligeramente cuajados.

4 calabacines medianos (aproximadamente 1 1/4 libras), lavados

1/3 taza de aceite de oliva

1 cebolla pequeña, finamente picada

Sal y pimienta negra recién molida

3 huevos grandes

½ taza de Pecorino Romano o Parmigiano-Reggiano recién rallado

1 libra de penne

½ taza de albahaca o perejil fresco triturado

1. Corte los calabacines en palitos de 1/4 de pulgada de grosor y aproximadamente 11/2 pulgadas de largo. Seque las piezas con palmaditas.

2. Vierta el aceite en una sartén lo suficientemente grande como para contener la pasta cocida. Agrega la cebolla y cocina a fuego medio, revolviendo ocasionalmente, hasta que se ablande, aproximadamente 5 minutos. Agregue los calabacines y cocine, revolviendo frecuentemente, hasta que estén ligeramente dorados, aproximadamente 10 minutos. Sazone al gusto con sal y pimienta.

3. En un tazón mediano bate los huevos con el queso y sal y pimienta al gusto.

4. Mientras se cocinan los calabacines, hierva unos 4 litros de agua en una olla grande. Agrega 2 cucharadas de sal y la pasta.

Revuelva bien. Cocine a fuego alto, revolviendo con frecuencia, hasta que la pasta esté al dente, tierna pero aún firme al morder. Reserva un poco del agua de cocción. Escurre la pasta y agrégala a la sartén con la salsa.

5. Mezcle la pasta con la mezcla de huevo. Agrega la albahaca y revuelve bien. Agregue un poco del agua de cocción si la pasta parece seca. Añade una generosa pizca de pimienta y sirve inmediatamente.

Pasta con Guisantes y Huevos

Pasta con Piselli

Rinde 4 porciones

Mi madre solía preparar este plato a la antigua usanza cuando yo era niña. Ella usó guisantes enlatados, pero a mí me gusta usar guisantes congelados porque tienen un sabor más fresco y una textura más firme. Puede parecer contrario a la tradición romper los espaguetis en trozos pequeños, pero eso es una pista del origen de esta receta. Cuando la gente era pobre y había muchas bocas que alimentar, los ingredientes se podían estirar fácilmente añadiendo más agua y convirtiéndolos en una sopa.

Este es uno de esos platos de reserva que puedo preparar en cualquier momento, ya que rara vez me falta un paquete de guisantes en el congelador, pasta en la despensa y un par de huevos en el refrigerador. Debido a que los guisantes, los huevos y la pasta llenan bastante, generalmente preparo esta cantidad para 4 porciones. Agregue medio kilo de pasta si desea de 6 a 8 porciones.

¼ taza de aceite de oliva

1 cebolla grande, en rodajas finas

1 paquete (10 onzas) de guisantes pequeños congelados, parcialmente descongelados

Sal y pimienta negra recién molida

2 huevos grandes

½ taza de Parmigiano-Reggiano recién rallado

½ libra de espaguetis o linguini, partidos en trozos de 2 pulgadas

1. Vierta el aceite en una sartén lo suficientemente grande como para contener la pasta. Agrega la cebolla y cocina a fuego medio, revolviendo ocasionalmente, hasta que la cebolla esté tierna y ligeramente dorada, aproximadamente 12 minutos. Agregue los guisantes y cocine por unos 5 minutos más, hasta que los guisantes estén tiernos. Condimentar con sal y pimienta.

2. En un tazón mediano bate los huevos con el queso y sal y pimienta al gusto.

3. Ponga a hervir al menos 4 litros de agua en una olla grande. Agrega 2 cucharadas de sal, luego la pasta. Revuelva bien. Cocine a fuego alto, revolviendo frecuentemente, hasta que la pasta esté tierna pero ligeramente cocida. Escurrir la pasta reservando un poco del agua de cocción.

4. Agrega la pasta a la sartén con los guisantes. Agrega la mezcla de huevo y cocina a fuego lento, revolviendo constantemente, aproximadamente 2 minutos, hasta que los huevos estén ligeramente cuajados. Agrega un poco del agua de cocción si la pasta parece seca. Servir inmediatamente.

Linguini con judías verdes, tomates y albahaca

Lingiune con Fagiolini

Rinde de 4 a 6 porciones

La ricotta salata es una forma de ricotta salada y prensada. Si no puede encontrarlo, sustitúyalo por queso feta suave y sin sal o ricotta fresca y queso pecorino rallado. Esta pasta es típica de Puglia.

12 onzas de judías verdes, recortadas

Sal

1/4 taza de aceite de oliva

1 diente de ajo, finamente picado

5 tomates medianos, pelados, sin semillas y picados (aproximadamente 3 tazas)

Pimienta negra recién molida

1 libra de linguini

1/2 taza de albahaca fresca picada

1 taza de ricotta salata rallada, queso feta suave o ricotta fresca

1. Ponga a hervir unos 4 litros de agua. Agrega las judías verdes y sal al gusto. Cocine durante 5 minutos o hasta que estén tiernos y crujientes. Saque las judías verdes con una espumadera o un colador y reserve el agua. Seque los frijoles con palmaditas. Corta los frijoles en trozos de 1 pulgada.

2. Vierta el aceite en una sartén lo suficientemente grande como para contener la pasta cocida. Agrega el ajo y cocina a fuego medio-bajo hasta que esté ligeramente dorado, aproximadamente 2 minutos.

3. Agrega los tomates y sal y pimienta al gusto. Cocine, revolviendo ocasionalmente, hasta que los tomates espesen y los jugos se evaporen. Agrega los frijoles. Cocine a fuego lento 5 minutos más.

4. Mientras tanto, vuelva a hervir la olla con agua. Agrega 2 cucharadas de sal, luego los linguini, empujándolos suavemente hacia abajo hasta que la pasta esté completamente cubierta de agua. Cocine a fuego alto, revolviendo con frecuencia, hasta que la pasta esté al dente, tierna pero aún firme al morder. Reserva un poco del agua de cocción. Escurre la pasta y agrégala a la sartén con la salsa.

5.Mezcle los linguini con la salsa en la sartén. Agrega la albahaca y el queso y revuelve nuevamente a fuego medio hasta que el queso esté cremoso. Servir inmediatamente.

Orejitas con Crema de Patata y Rúcula

Orecchiette con Crema de Patate

Rinde de 4 a 6 porciones

La rúcula silvestre crece por toda Puglia. Es crujiente, con una hoja estrecha con dientes de sierra y un atractivo sabor a nuez. Las hojas se comen crudas y cocidas, a menudo con pastas. Las patatas tienen almidón, pero en Italia se las considera una verdura más, por lo que no hay reparos en servirlas con pasta, especialmente en Apulia. Las patatas se cuecen hasta que estén tiernas y luego se trituran con el agua de cocción hasta que estén cremosas.

2 papas hirviendo a fuego medio, aproximadamente 12 onzas

Sal

¼ taza de aceite de oliva

1 diente de ajo, finamente picado

1 libra de orecchiette o conchas

2 manojos de rúcula (aproximadamente 8 onzas), sin tallos duros, enjuagados y escurridos

Sal y pimienta negra recién molida

1. Pela las patatas y colócalas en una olla pequeña con sal al gusto y agua fría hasta cubrirlas. Lleve el agua a fuego lento y cocine las patatas hasta que estén tiernas al pincharlas con un cuchillo afilado, unos 20 minutos. Escurrir las patatas reservando el agua.

2. Vierte el aceite en una cacerola mediana. Agrega el ajo y cocina a fuego medio hasta que el ajo esté dorado, aproximadamente 2 minutos. Retirar del fuego. Agregue las papas y tritúrelas bien con un machacador o un tenedor, agregando aproximadamente una taza del agua reservada para hacer una "crema" fina. Condimentar con sal y pimienta.

3. Pon a hervir 4 litros de agua. Agrega 2 cucharadas de sal, luego la pasta. Revuelva bien. Cocine a fuego alto, revolviendo frecuentemente, hasta que la pasta esté al dente, tierna pero firme al morder. Agrega la rúcula y revuelve una vez. Escurrir la pasta y la rúcula.

4. Regresa la pasta y la rúcula a la olla y agrega la salsa de papa. Cocine y revuelva a fuego lento, agregando un poco más de agua de papa si es necesario. Servir inmediatamente.

Pastas y Patatas

Pasta y Patate

Rinde 6 porciones

Al igual que la pasta con frijoles o lentejas, la pasta con patatas es un buen ejemplo de la cucina povera, la forma del sur de Italia de tomar unos pocos ingredientes humildes y convertirlos en un plato delicioso. Cuando los tiempos eran realmente magros y había muchas bocas que alimentar, la costumbre era añadir agua extra, normalmente el líquido que quedaba al cocinar verduras o hervir pasta, estirando estos platos desde una pasta hasta una sopa para que rindieran más.

¼ taza de aceite de oliva

1 zanahoria mediana, picada

1 costilla de apio mediana, picada

1 cebolla mediana, picada

2 dientes de ajo, finamente picados

2 cucharadas de perejil fresco picado

3 cucharadas de pasta de tomate

Sal y pimienta negra recién molida

1 1/2 libras de papas hirviendo, peladas y picadas

1 libra de tubetti o conchas pequeñas

1/2 taza de Pecorino Romano o Parmigiano-Reggiano recién rallado

1. Vierte el aceite en una cacerola grande y agrega los ingredientes picados excepto las patatas. Cocine a fuego medio, revolviendo ocasionalmente, hasta que estén tiernos y dorados, aproximadamente de 15 a 20 minutos.

2. Agrega la pasta de tomate y sal y pimienta al gusto. Agrega las patatas y 4 tazas de agua. Llevar a fuego lento y cocinar hasta que las patatas estén muy tiernas, unos 30 minutos. Triturar algunas patatas con el dorso de una cuchara.

3. Ponga a hervir unos 4 litros de agua en una olla grande. Agrega 2 cucharadas de sal, luego la pasta. Revuelva bien. Cocine, revolviendo con frecuencia, hasta que la pasta esté al dente, tierna pero aún firme al morder. Reserva un poco del agua de cocción. Agrega la pasta a la mezcla de papa. Agregue un poco del agua de cocción reservada si es necesario, pero la mezcla debe quedar bastante espesa. Agrega el queso y sirve inmediatamente.

Conchas con Coliflor y Queso

Conchiglie al Cavolfiore

Rinde 6 porciones

La versátil coliflor es la estrella de muchos platos de pasta en el sur de Italia. En Sicilia, teníamos este plato sencillo elaborado con la coliflor local teñida de púrpura.

½ taza de aceite de oliva

1 cebolla mediana, finamente picada

1 coliflor mediana, pelada y cortada en floretes del tamaño de un bocado

Sal

2 cucharadas de perejil fresco picado

Pimienta negra recién molida

1 libra de conchas

¾ taza de pecorino romano recién rallado

1. Vierta el aceite en una sartén lo suficientemente grande como para contener la pasta cocida. Agrega la cebolla y cocina a fuego

medio 5 minutos. Agrega la coliflor y sal al gusto. Tapa y cocina 15 minutos o hasta que la coliflor esté tierna. Agrega el perejil y la pimienta negra al gusto.

2. Ponga a hervir al menos 4 litros de agua en una olla grande. Agrega 2 cucharadas de sal, luego la pasta. Revuelva bien. Cocine a fuego alto, revolviendo frecuentemente, hasta que la pasta esté al dente, tierna pero aún firme al morder. Escurrir la pasta reservando un poco del agua de cocción.

3. Agrega la pasta a la sartén con la coliflor y revuelve bien a fuego medio. Agregue un poco del agua de cocción si es necesario. Agrega el queso y revuelve nuevamente con una generosa pizca de pimienta negra. Servir inmediatamente.

Pasta con coliflor, azafrán y grosellas

Pasta Arriminati

Rinde 6 porciones

Las variedades de coliflor siciliana varían desde el blanco púrpura hasta el verde guisante y tienen un sabor maravilloso en otoño e invierno cuando están recién cosechadas. Esta es una de varias combinaciones de pasta siciliana y coliflor. El azafrán aporta un color amarillo dorado y un sabor sutil, mientras que las grosellas y las anchoas aportan dulzura y salinidad. El pan rallado tostado proporciona un suave crujido como toque final.

1 cucharadita de hebras de azafrán

2/3 taza de grosellas o pasas oscuras

Sal

1 coliflor grande (aproximadamente 2 libras), recortada y cortada en floretes

1/3 taza de aceite de oliva

1 cebolla mediana, finamente picada

6 filetes de anchoa, escurridos y picados

Pimienta negra recién molida

⅓ taza de piñones, ligeramente tostados

1 libra de penne o conchas

¼ taza de pan rallado tostado

1. En un bol pequeño, espolvorea las hebras de azafrán con 2 cucharadas de agua caliente. Coloca las grosellas en otro bol con agua caliente hasta cubrir. Dejar reposar ambos unos 10 minutos.

2. Ponga a hervir al menos 4 litros de agua en una olla grande. Agrega 2 cucharadas de sal y la coliflor. Cocine, revolviendo con frecuencia, hasta que la coliflor esté muy tierna al pincharla con un cuchillo, aproximadamente 10 minutos. Retirar la coliflor con una espumadera reservando el agua para cocer la pasta.

3. Vierta el aceite en una sartén lo suficientemente grande como para contener la pasta cocida. Agrega la cebolla y cocina a fuego medio 10 minutos. Agrega las anchoas y cocina 2 minutos más, revolviendo frecuentemente hasta que se disuelvan. Agregue el azafrán y el líquido de remojo. Escurre las grosellas y agrégalas a la sartén.

4. Agrega la coliflor cocida. Saca un poco del agua de cocción y agrégala a la sartén con la coliflor. Cocine 10 minutos, rompiendo la coliflor con el dorso de una cuchara, hasta que quede en trozos pequeños. Añadir sal y pimienta al gusto. Agrega los piñones.

5. Mientras se cocina la coliflor, vuelva a hervir el agua de cocción. Agrega la pasta y revuelve bien. Cocine a fuego alto, revolviendo con frecuencia, hasta que la pasta esté al dente, tierna pero aún firme al morder. Reserva un poco del agua de cocción. Escurre la pasta y luego agrégala a la sartén con la mezcla de coliflor. Revuelva bien y agregue un poco del agua de cocción si la pasta parece seca.

6. Sirve la pasta espolvoreada con el pan rallado tostado.

Pajaritas con Alcachofas y Guisantes

Farfalle con Carciofi

Rinde de 4 a 6 porciones

Aunque muchos centros turísticos italianos cierran durante los meses de invierno, la mayoría vuelve a abrir en Semana Santa. Tal fue el caso en Portofino un año que estuve allí, aunque el clima era lluvioso y frío. Por fin el cielo se despejó y salió el sol, y mi marido y yo pudimos disfrutar de un almuerzo en la terraza de nuestro hotel con vistas al mar.

Empezamos con esta pasta, seguida de un pescado entero, asado con aceitunas. El postre fue una tarta de limón. Fue una cena de Pascua perfecta.

Si no dispone de alcachofas tiernas, sustitúyalas por alcachofas más grandes, cortadas en gajos.

1 libra de alcachofas tiernas

2 cucharadas de aceite de oliva

1 cebolla pequeña, finamente picada

1 diente de ajo, finamente picado

Sal y pimienta negra recién molida

2 tazas de guisantes frescos o 1 paquete (10 onzas) congelado

½ taza de albahaca fresca picada o perejil de hoja plana

1 libra de farfalle

½ taza de Parmigiano-Reggiano recién rallado

1. Con un cuchillo grande, corte 1 pulgada superior de las alcachofas. Enjuáguelos bien con agua fría. Inclínese hacia atrás y corte las hojas pequeñas alrededor de la base. Con unas tijeras, recorte las puntas puntiagudas de las hojas restantes. Retire la piel exterior dura de los tallos y alrededor de la base. Corta las alcachofas por la mitad. Utilice un cuchillo pequeño con punta redondeada para raspar las hojas peludas del centro. Cortar las alcachofas en rodajas finas.

2. Vierta el aceite de oliva en una sartén lo suficientemente grande como para contener la pasta cocida. Agrega la cebolla y el ajo y cocina, revolviendo ocasionalmente, a fuego medio durante 10 minutos. Agrega las alcachofas y 2 cucharadas de agua. Añadir sal y pimienta al gusto. Cocina 10 minutos o hasta que las alcachofas estén tiernas.

3. Agrega los guisantes. Cocine 5 minutos o hasta que los guisantes estén tiernos. Retire del fuego y agregue la albahaca.

4. Ponga a hervir al menos 4 litros de agua. Agrega 2 cucharadas de sal, luego la pasta. Revuelva bien. Cocine, revolviendo con frecuencia, hasta que la pasta esté al dente, tierna pero aún firme al morder. Reserva un poco del agua de cocción. Escurrir la pasta.

5. Mezcle la pasta con la salsa de alcachofas y un poco del agua de cocción si es necesario. Añadimos un chorrito de aceite de oliva virgen extra y removemos de nuevo. Mezcle con el queso y sirva inmediatamente.

Fettuccine con alcachofas y boletus

Fettuccine con Carciofi y Porcini

Rinde de 4 a 6 porciones

Las alcachofas y los boletus pueden parecer una combinación inusual, pero no en Liguria, donde comí esta pasta. Como este plato es tan sabroso no es necesario el queso rallado, sobre todo si lo terminas con un buen aceite de oliva virgen extra.

1 onza de champiñones porcini secos

1 taza de agua tibia

1 libra de alcachofas

¼ taza de aceite de oliva

1 cebolla pequeña, picada

1 diente de ajo, muy finamente picado

2 cucharadas de perejil fresco picado

1 taza de tomates frescos pelados, sin semillas y picados o tomates italianos importados enlatados, escurridos y picados

Sal y pimienta negra recién molida

1 libra de fettuccine seco

Aceite de oliva virgen extra

1.Pon los champiñones en el agua y déjalos en remojo 30 minutos. Saca los champiñones del agua y reserva el líquido. Enjuague los champiñones con agua corriente fría para eliminar la arena, prestando especial atención a los extremos de los tallos donde se acumula la tierra. Picar los champiñones en trozos grandes. Cuela el líquido de los champiñones en un bol. Dejar de lado.

2.Con un cuchillo grande, corte 1 pulgada superior de las alcachofas. Enjuáguelos bien con agua fría. Inclínese hacia atrás y corte las hojas pequeñas alrededor de la base. Con unas tijeras, recorte las puntas puntiagudas de las hojas restantes. Retire la piel exterior dura de los tallos y alrededor de la base. Corta las alcachofas por la mitad. Utilice un cuchillo pequeño para raspar las hojas peludas del centro. Cortar las alcachofas en rodajas finas.

3.Vierta el aceite en una sartén lo suficientemente grande como para contener la pasta cocida. Agrega la cebolla, los champiñones, el perejil y el ajo y cocina a fuego medio durante 10 minutos. Agrega las alcachofas, los tomates y la sal y pimienta al gusto. Cocine 10 minutos. Agrega el líquido de los champiñones y cocina 10 minutos más o hasta que las alcachofas estén tiernas al probarlas con un cuchillo.

4. Ponga a hervir 4 litros de agua en una olla grande. Agrega 2 cucharadas de sal, luego la pasta. Revuelva bien. Cocine a fuego alto, revolviendo con frecuencia, hasta que la pasta esté al dente, tierna pero aún firme al morder. Reserva un poco del agua de cocción. Escurrir la pasta.

5. Mezcle la pasta con la salsa y un poco del agua de cocción si es necesario. Rocíe con aceite de oliva virgen extra y sirva inmediatamente.

Rigatoni con ragú de berenjenas

Rigatoni con ragú de Melanzane

Rinde de 4 a 6 porciones

Generalmente se agrega carne a la salsa de tomate para hacer un ragú, pero esta versión vegetariana de Basílicata usa berenjena porque es igualmente rica y sabrosa.

rigaen el nombre de una forma de pasta, como rigatoni o penne rigate, indica que tiene crestas que actúan como pinzas para la salsa. Los rigatoni son tubos de pasta grandes y ranurados. Su grosor y forma grande complementan los abundantes ragú con ingredientes con trozos.

¼ taza de aceite de oliva

¼ taza de chalotes picados

4 tazas de berenjena picada

½ taza de pimiento rojo picado

½ taza de vino blanco seco

1 1/2 libras de tomates pera, pelados, sin semillas y picados, o 2 tazas de tomates italianos importados enlatados con su jugo

Una ramita de tomillo fresco

Sal

Pimienta negra recién molida

1 libra de rigatoni, penne o farfalle

Aceite de oliva virgen extra, para rociar

1. Vierta el aceite en una sartén grande y pesada. Agrega las chalotas y cocina 1 minuto a fuego medio. Agrega la berenjena y el pimiento rojo. Cocine, revolviendo con frecuencia, hasta que las verduras se ablanden, aproximadamente 10 minutos.

2. Agrega el vino y cocina 1 minuto hasta que se evapore.

3. Agrega los tomates, el tomillo, la sal y la pimienta al gusto. Reduce el calor al mínimo. Cocine, revolviendo ocasionalmente, durante 40 minutos o hasta que la salsa esté espesa y las verduras muy tiernas. Si la mezcla se vuelve demasiado seca, agregue un poco de agua. Retire el tomillo.

4. Ponga a hervir al menos 4 litros de agua en una olla grande. Agrega 2 cucharadas de sal, luego la pasta. Revuelva bien. Cocine

a fuego alto, revolviendo con frecuencia, hasta que la pasta esté al dente, tierna pero aún firme al morder. Reserva un poco del agua de cocción. Escurre la pasta y transfiérala a un tazón para servir tibio.

5. Vierta la salsa y revuelva bien, agregando un poco de agua de cocción si es necesario. Rocíe con un poco de aceite de oliva virgen extra y revuelva nuevamente. Servir inmediatamente.

Espaguetis sicilianos con berenjena

Espaguetis a la norma

Rinde de 4 a 6 porciones

Norma es el nombre de una bella ópera compuesta por el siciliano Vincenzo Bellini. Esta pasta, hecha con berenjena, una verdura muy apreciada en Sicilia, recibió su nombre en honor a la ópera.

La ricotta salata es una forma prensada de ricotta que se corta en rodajas como queso para comer o se ralla sobre pasta. También hay una versión ahumada que es particularmente deliciosa, aunque nunca la he visto fuera de Sicilia. Si no puede encontrar ricotta salata, sustitúyalo por queso feta, que es muy similar, o use pecorino romano.

1 berenjena mediana, recortada y cortada en rodajas de 1/4 de pulgada de grosor

Sal

Aceite de oliva para freír

2 dientes de ajo, ligeramente machacados

Una pizca de pimiento rojo triturado

3 libras de tomates ciruela maduros, pelados, sin semillas y picados, o 1 lata (28 onzas) de tomates italianos pelados importados, escurridos y picados

6 hojas de albahaca fresca

1 libra de espaguetis

1 taza de ricotta salata o pecorino romano rallado

1. Coloque las rodajas de berenjena en capas en un colador colocado sobre un plato, espolvoreando cada capa con sal. Deje reposar de 30 a 60 minutos. Enjuague la berenjena y séquela bien con toallas de papel.

2. Vierta aproximadamente 1/2 pulgada de aceite en una sartén profunda y pesada. Calienta el aceite a fuego medio hasta que un pequeño trozo de berenjena chisporrotee al colocarlo en la sartén. Freír las rodajas de berenjena de a poco hasta que estén doradas por ambos lados. Escurrir sobre toallas de papel.

3. Vierta 3 cucharadas de aceite en una cacerola mediana. Agregue el ajo y el pimiento rojo triturado y cocine a fuego medio hasta que el ajo esté dorado, aproximadamente 4 minutos. Retire el ajo. Agrega los tomates y sal al gusto. Reduzca el fuego a bajo y cocine a fuego lento de 20 a 30 minutos o hasta que la salsa espese. Agrega la albahaca y apaga el fuego.

4. Ponga a hervir al menos 4 litros de agua en una olla grande. Agrega 2 cucharadas de sal, luego la pasta. Revuelva bien. Cocine a fuego alto, revolviendo frecuentemente, hasta que la pasta esté al dente, tierna pero aún firme al morder. Reserva un poco del agua de cocción. Escurrir la pasta.

5. Mezcle la pasta con la salsa en un tazón para servir tibio, agregando un poco de agua de cocción si es necesario. Agrega el queso y revuelve nuevamente. Cubra con las rodajas de berenjena y sirva inmediatamente.

Pajaritas con brócoli, tomates, piñones y pasas

Farfalle a la Siciliana

Rinde de 4 a 6 porciones

Los piñones aportan un agradable crujido y las pasas aportan dulzura a esta deliciosa pasta siciliana. El brócoli se cocina en la misma olla que la pasta, por lo que sus sabores realmente se combinan. Si te encuentras con tomates grandes y redondos en lugar de la variedad ciruela, puedes sustituirlos, aunque la salsa será más líquida y es posible que necesites una cocción un poco más larga.

1/3 taza de aceite de oliva

2 dientes de ajo, finamente picados

Una pizca de pimiento rojo triturado

2 1/2 libras de tomates pera frescos (aproximadamente 15), pelados, sin semillas y picados

Sal y pimienta negra recién molida

2 cucharadas de pasas

1 libra de farfalle

1 manojo mediano de brócoli, sin tallos y cortado en floretes pequeños

2 cucharadas de piñones tostados

1. Vierta el aceite en una sartén lo suficientemente grande como para contener la pasta. Agrega el ajo y el pimiento rojo triturado. Cocine a fuego medio hasta que el ajo esté dorado, aproximadamente 2 minutos. Agrega los tomates y sal y pimienta al gusto. Deje hervir a fuego lento y cocine hasta que la salsa espese, de 15 a 20 minutos. Agrega las pasas y retira del fuego.

2. Ponga a hervir al menos 4 litros de agua en una olla grande. Agrega 2 cucharadas de sal, luego la pasta. Revuelva bien. Cocine, revolviendo frecuentemente, hasta que el agua vuelva a hervir.

3. Agrega el brócoli a la pasta. Cocine, revolviendo con frecuencia, hasta que la pasta esté al dente, tierna pero aún firme al morder. Reserva un poco del agua de cocción.

4. Escurrir la pasta y el brócoli. Añádelas a la sartén con los tomates, añadiendo un poco del agua de cocción si es necesario. Mezcle bien. Espolvorea con piñones y sirve inmediatamente.

Cavatelli con verduras al ajillo y patatas

Cavatelli con Verdure y Patate

Rinde de 4 a 6 porciones

Puede que lavar verduras no sea mi tarea favorita, pero encontrar arena en la comida es aún peor, así que las lavo al menos tres veces. Vale la pena. Puedes usar solo una variedad en esta receta, pero una mezcla de dos o tres verduras diferentes agrega una textura y sabor interesantes al plato.

Las patatas de esta receta deben cortarse en trozos pequeños para que se cocinen junto con la pasta. Al final, quedan algo recocidos y quebradizos y añaden una suavidad cremosa a la pasta.

1 1/2 libras de verduras variadas, como brócoli rabe, mizuna, mostaza, col rizada o diente de león, cortadas

Sal

1/3 taza de aceite de oliva

4 dientes de ajo, en rodajas finas

Una pizca de pimiento rojo triturado

Sal y pimienta negra recién molida

1 libra de cavatelli

1 libra de papas hirviendo, peladas y picadas en trozos de 1/2 pulgada

1.Llene un fregadero o un recipiente grande con agua fría. Agrega las verduras y revuélvelas en el agua. Transfiera las verduras a un colador, cambie el agua y luego repita al menos dos veces más para eliminar todo rastro de arena.

2.Traiga una olla grande con agua a hervir. Agrega las verduras y la sal al gusto. Cocine hasta que las verduras estén tiernas, de 5 a 10 minutos, según las variedades que utilice. Escurre las verduras y déjalas enfriar un poco con agua corriente fría. Pica las verduras en trozos pequeños.

3.Vierta el aceite en una sartén lo suficientemente grande como para contener la pasta cocida. Agrega el ajo y el pimiento rojo triturado. Cocine a fuego medio hasta que el ajo esté dorado, 2 minutos. Agrega las verduras y una pizca de sal. Cocine, revolviendo, hasta que las verduras estén cubiertas de aceite, aproximadamente 5 minutos.

4.Ponga a hervir al menos 4 litros de agua en una olla grande. Agrega 2 cucharadas de sal, luego la pasta. Cocine, revolviendo frecuentemente, hasta que el agua vuelva a hervir. Agrega las patatas y cocina hasta que la pasta esté al dente, tierna pero firme al morder. Reserva un poco del agua de cocción. Escurrir la pasta.

5. Agrega la pasta y las papas a las verduras y revuelve bien. Agrega un poco del agua de cocción reservada si la pasta parece seca. Servir inmediatamente.

Linguini con Calabacín

Linguine con calabacín

Rinde de 4 a 6 porciones

Resista la tentación de comprar cualquier calabacín que no sea pequeño o mediano, y diga no gracias a los amigos jardineros que desesperadamente ofrecen calabazas del tamaño de un perro salchicha. Los calabacines gigantes son acuosos, con semillas y sin sabor, pero los del largo de un hot dog y no más gruesos que una salchicha, son tiernos y deliciosos.

Me gusta especialmente el Pecorino Romano, un queso de leche de oveja picante y picante del sur de Italia, en esta receta.

6 calabacines pequeños verdes o amarillos (alrededor de 2 libras)

1/3 taza de aceite de oliva

3 dientes de ajo, finamente picados

Sal y pimienta negra recién molida

1/4 taza de albahaca fresca picada

2 cucharadas de perejil fresco picado

1 cucharada de tomillo fresco picado

1 libra de linguini

½ taza de pecorino romano recién rallado

1. Frote los calabacines con agua fría. Recorta los extremos. Cortar en cuartos a lo largo y luego en rodajas.

2. En una sartén lo suficientemente grande como para contener la pasta, calienta el aceite a fuego medio. Agregue los calabacines y cocine, revolviendo ocasionalmente, hasta que estén ligeramente dorados y tiernos, aproximadamente 10 minutos. Empuje los calabacines a un lado de la sartén y agregue el ajo, la sal y la pimienta. Cocine por 2 minutos. Agregue las hierbas, revuelva el calabacín con los condimentos y luego retírelo del fuego.

3. Mientras se cocina el calabacín, hierva 4 litros de agua en una olla grande. Agrega 2 cucharadas de sal, luego la pasta. Revuelva bien. Cocine a fuego alto, revolviendo frecuentemente, hasta que la pasta esté al dente, tierna pero firme al morder. Reserva un poco del agua de cocción.

4. Escurrir la pasta. Coloca la pasta en la sartén con el calabacín. Mezcle bien y agregue un poco del agua de cocción si es

necesario. Agrega el queso y revuelve nuevamente. Servir inmediatamente.

Penne con Verduras Asadas

Pasta con verduras a la Griglia

Rinde de 4 a 6 porciones

Aunque normalmente les dejo la piel a las berenjenas, asarlas a la parrilla tiende a endurecerlas, así que las quito antes de encender la parrilla. Además, si las berenjenas no son recién salidas de la granja, es posible que desees salarlas antes de cocinarlas para reducir el amargor, que aumenta a medida que la verdura madura. Para hacer esto, pela y corta la berenjena en rodajas, luego coloca las rodajas en un colador y espolvorea cada capa con sal gruesa. Dejar reposar de 30 a 60 minutos para eliminar el líquido. Enjuague la sal, seque y cocine como se indica.

2 libras de tomates pera (unos 12)

Aceite de oliva

1 berenjena mediana, pelada y cortada en rodajas gruesas

2 cebollas dulces medianas, rojas o blancas, en rodajas gruesas

Sal y pimienta negra recién molida

2 dientes de ajo, muy finamente picados

12 hojas de albahaca fresca, cortadas en trozos pequeños

1 libra de penne

1/2 taza de pecorino romano recién rallado

1. Coloque una parrilla para barbacoa o una parrilla para asar a unas 4 pulgadas de la fuente de calor. Precalienta la parrilla o el asador. Coloca los tomates en la parrilla. Cocine, volteándolos frecuentemente con unas pinzas, hasta que los tomates se ablanden y la piel esté ligeramente carbonizada y suelta. Retire los tomates. Unte las rodajas de berenjena y cebolla con aceite y espolvoree con sal y pimienta. Ase hasta que las verduras estén tiernas y doradas pero no ennegrecidas, aproximadamente 5 minutos por cada lado.

2. Retire la piel del tomate y corte los extremos del tallo. Coloque los tomates en un tazón grande y tritúrelos bien con un tenedor. Agregue el ajo, la albahaca, 1/4 taza de aceite y sal y pimienta al gusto.

3. Corta la berenjena y la cebolla en tiras finas y agrégalas a los tomates.

4. Ponga a hervir al menos 4 litros de agua en una olla grande. Agrega 2 cucharadas de sal, luego la pasta. Revuelva bien. Cocine

a fuego alto, revolviendo frecuentemente, hasta que la pasta esté al dente, tierna pero firme al morder. Reserva un poco del líquido de cocción.

5. Escurrir la pasta. En un tazón grande para servir, mezcle la pasta con las verduras. Agregue un poco del agua de cocción si la pasta parece seca. Agrega el queso y sirve inmediatamente.

Penne con champiñones, ajo y romero

Penne con Funghi

Rinde de 4 a 6 porciones

Puedes utilizar cualquier tipo de champiñón que te guste en esta receta, como ostra, shiitake, cremini o la variedad blanca estándar. Una combinación es especialmente buena. Si tienes setas verdaderamente silvestres, como colmenillas, asegúrate de limpiarlas muy bien, ya que pueden quedar muy arenosas.

¼ taza de aceite de oliva

1 libra de champiñones, en rodajas finas

2 dientes de ajo grandes, finamente picados

2 cucharaditas de romero fresco muy finamente picado

Sal y pimienta negra recién molida

1 libra de penne o farfalle

2 cucharadas de mantequilla sin sal

2 cucharadas de perejil fresco picado

1. En una sartén lo suficientemente grande como para contener la pasta, calienta el aceite a fuego medio. Agrega los champiñones, el ajo y el romero. Cocine, revolviendo frecuentemente, hasta que los champiñones comiencen a soltar su líquido, aproximadamente 10 minutos. Añadir sal y pimienta al gusto. Cocine, revolviendo con frecuencia, hasta que los champiñones estén ligeramente dorados, unos 5 minutos más.

2. Ponga a hervir al menos 4 litros de agua en una olla grande. Agrega 2 cucharadas de sal, luego la pasta. Revuelva bien. Cocine a fuego alto, revolviendo frecuentemente, hasta que la pasta esté al dente, tierna pero firme al morder. Reserva un poco del agua de cocción.

3. Escurrir la pasta. Mezcle la pasta en la sartén con los champiñones, la mantequilla y el perejil. Agrega un poco del agua de cocción si la pasta parece seca. Servir inmediatamente.

Linguine con Remolacha y Ajo

Linguine con Barbabietole

Rinde de 4 a 6 porciones

La pasta y la remolacha pueden parecer una combinación inusual, pero desde que la probé en un pequeño pueblo de la costa de Emilia-Romaña, ha sido una de mis favoritas. No sólo es delicioso, sino que también es uno de los platos de pasta más bonitos que conozco. Todos quedarán sorprendidos por su impresionante color. Haga esto a fines del verano y principios del otoño, cuando las remolachas rojas frescas están en su punto más dulce.

8 remolachas rojas medianas, recortadas

1/3 taza de aceite de oliva

3 dientes de ajo, finamente picados

Una pizca de pimiento rojo triturado o al gusto

Sal

1 libra de linguini

1. Coloca una rejilla en el centro del horno. Precalienta el horno a 450°F. Frote las remolachas y envuélvalas en una hoja grande de papel de aluminio, sellándolas herméticamente. Coloque el paquete en una bandeja para hornear. Hornee durante 45 a 75 minutos, dependiendo del tamaño, o hasta que las remolachas se sientan tiernas al atravesar el papel de aluminio con un cuchillo afilado. Deja que las remolachas se enfríen en el papel de aluminio. Pelar y picar las remolachas.

2. Vierta el aceite en una sartén lo suficientemente grande como para contener la pasta cocida. Agrega el ajo y el pimiento rojo triturado. Cocine a fuego medio hasta que el ajo esté dorado, aproximadamente 2 minutos. Agregue las remolachas y revuélvalas en la mezcla de aceite hasta que estén completamente calientes.

3. Ponga a hervir al menos 4 litros de agua en una olla grande. Agrega 2 cucharadas de sal, luego la pasta. Revuelva bien. Cocine a fuego alto, revolviendo frecuentemente, hasta que la pasta esté al dente, tierna pero firme al morder.

4. Escurrir la pasta reservando un poco del agua de cocción. Vierta los linguini en la sartén con las remolachas. Agregue un poco del agua de cocción y cocine a fuego medio, volteando la pasta con un tenedor y una cuchara hasta que tenga un color uniforme, aproximadamente 2 minutos. Servir inmediatamente.

Pajaritas con remolacha y verduras

Farfalle con Barbabietole

Rinde de 4 a 6 porciones

Esta es una variación de la Linguine con Remolacha y Ajoreceta, usando tanto las remolachas como las hojas de remolacha. Si la parte superior de las remolachas se ve blanda o marrón, sustitúyalas aproximadamente por medio kilo de espinacas frescas, acelgas u otras verduras.

1 manojo de remolachas rojas frescas con punta (4 a 5 remolachas)

⅓ taza de aceite de oliva

2 dientes de ajo grandes, finamente picados

Sal y pimienta negra recién molida

1 libra de farfalle

4 onzas de ricotta salata, rallada

1. Coloca una rejilla en el centro del horno. Precalienta el horno a 450°F. Retire las hojas de remolacha y reserve. Frote las remolachas y envuélvalas en una hoja grande de papel de aluminio, sellándolas herméticamente. Coloque el paquete en

una bandeja para hornear. Hornee durante 45 a 75 minutos, dependiendo del tamaño, o hasta que las remolachas se sientan tiernas al atravesar el papel de aluminio con un cuchillo afilado. Deja que las remolachas se enfríen en el papel de aluminio. Desenvuelva el papel de aluminio, luego pele y pique las remolachas.

2.Lave bien las verduras y quíteles los tallos duros. Traiga una olla grande con agua a hervir. Agrega las verduras y la sal al gusto. Cocine 5 minutos o hasta que las verduras estén casi tiernas. Escurre las verduras y enfríalas con agua corriente. Pica las verduras en trozos grandes.

3.Vierta el aceite en una sartén lo suficientemente grande como para contener toda la pasta y las verduras. Agrega el ajo. Cocine a fuego medio hasta que el ajo esté dorado, aproximadamente 2 minutos. Agrega las remolachas y las verduras y una pizca de sal y pimienta. Cocine, revolviendo, aproximadamente 5 minutos o hasta que las verduras estén completamente calientes.

4.Ponga a hervir al menos 4 litros de agua en una olla grande. Agrega 2 cucharadas de sal, luego la pasta. Revuelva bien. Cocine a fuego alto, revolviendo frecuentemente, hasta que la pasta esté al dente, tierna pero firme al morder.

5. Escurrir la pasta reservando un poco del agua de cocción. Agrega la pasta a la sartén con las remolachas. Agregue un poco del agua de cocción y cocine, revolviendo constantemente la pasta, hasta que tenga un color uniforme, aproximadamente 1 minuto. Agrega el queso y revuelve nuevamente. Sirva inmediatamente con una generosa pizca de pimienta negra recién molida.

Pasta con Ensalada

Pasta al Insalata

Rinde de 4 a 6 porciones

La pasta mezclada con una ensalada de verduras frescas es un delicioso plato ligero de verano. Tuve esto mientras visitaba a unos amigos en Piamonte. No lo dejes reposar por mucho tiempo o las verduras perderán su sabor y apariencia brillantes.

2 tomates medianos, picados

1 bulbo de hinojo mediano, recortado y cortado en trozos pequeños

1 cebolla morada pequeña, picada

1/4 taza de aceite de oliva virgen extra

2 cucharadas de albahaca cortada en tiras finas

Sal y pimienta negra recién molida

2 tazas de rúcula cortada y cortada en trozos pequeños

1 libra de codos

1. En un tazón grande para servir, combine los tomates, el hinojo, la cebolla, el aceite de oliva, la albahaca y la sal y pimienta al gusto. Revuelva bien. Cubra con rúcula.

2. Ponga a hervir al menos 4 litros de agua en una olla grande. Agrega 2 cucharadas de sal, luego la pasta. Cocine a fuego alto, revolviendo frecuentemente, hasta que la pasta esté al dente, tierna pero firme al morder. Reserva un poco del agua de cocción. Escurrir la pasta.

3. Mezcle la pasta con la mezcla de ensalada. Agrega un poco del agua de cocción si la pasta parece seca. Servir inmediatamente.

Fusilli con tomates asados

Fusilli con pomodori al horno

Rinde de 4 a 6 porciones

Los tomates asados son un acompañamiento favorito en mi casa, algo que sirvo con pescado, chuletas de ternera o bistec. Un día había preparado una sartén grande llena, pero no tenía nada para servirlos excepto un poco de pasta seca. Mezclé los tomates asados y sus jugos con fusilli recién cocidos. Ahora lo hago todo el tiempo.

2 libras de tomates ciruela maduros (alrededor de 12 a 14), cortados en rodajas de 1/4 de pulgada de grosor

3 dientes de ajo grandes, finamente picados

1/2 cucharadita de orégano seco

Sal y pimienta negra recién molida

1/3 taza de aceite de oliva

1 libra de fusilli

1/2 taza de albahaca fresca picada o perejil de hoja plana

1. Coloca una rejilla en el centro del horno. Precalienta el horno a 400°F. Engrase una fuente para hornear o una fuente para asar de 13 × 9 × 2 pulgadas.

2. Extienda la mitad de las rodajas de tomate en el plato preparado. Espolvorea con ajo, orégano y sal y pimienta al gusto. Cubra con los tomates restantes. Rociar con el aceite.

3. Hornea hasta que los tomates estén muy suaves, de 30 a 40 minutos. Retire el plato del horno.

4. Ponga a hervir al menos 4 litros de agua en una olla grande. Agrega 2 cucharadas de sal, luego la pasta. Revuelva bien. Cocine a fuego alto, revolviendo frecuentemente, hasta que la pasta esté al dente, tierna pero firme al morder. Escurrir la pasta reservando un poco del agua de cocción.

5. Coloque la pasta sobre los tomates horneados y revuelva bien. Agrega la albahaca o el perejil y revuelve nuevamente, agregando un poco del agua de cocción reservada si la pasta parece seca. Servir inmediatamente.

Codos con Patatas, Tomates y Rúcula

La Bandiera

Rinde de 6 a 8 porciones

En Puglia, esta pasta se llama "la bandera", porque tiene el rojo, el blanco y el verde de la bandera italiana. Algunos cocineros lo preparan con más líquido y lo sirven como sopa.

1/4 taza de aceite de oliva

2 dientes de ajo grandes, finamente picados

Una pizca de pimiento rojo triturado

1 1/2 libras de tomates pera maduros, pelados, sin semillas y picados (aproximadamente 3 tazas)

2 cucharadas de albahaca fresca picada

Sal y pimienta negra recién molida

1 libra de codos

3 papas hirviendo a fuego medio (1 libra), peladas y cortadas en trozos de 1/2 pulgada

2 manojos de rúcula, recortados y cortados en trozos de 1 pulgada (aproximadamente 4 tazas)

⅓ taza de pecorino romano recién rallado

1. Vierta el aceite en una sartén lo suficientemente grande como para contener la pasta. Agrega el ajo y el pimiento rojo triturado. Cocine a fuego medio hasta que el ajo esté dorado, 2 minutos.

2. Agrega los tomates, la albahaca y sal y pimienta al gusto. Llevar a fuego lento y cocinar, revolviendo ocasionalmente, hasta que la salsa espese un poco, aproximadamente 10 minutos.

3. Ponga a hervir al menos 4 litros de agua en una olla grande. Agrega 2 cucharadas de sal, luego la pasta. Revuelva bien. Cuando el agua vuelva a hervir, agregue las patatas. Cocine, revolviendo frecuentemente, hasta que la pasta esté al dente, tierna pero firme al morder.

4. Escurrir la pasta y las patatas, reservando un poco del agua de cocción. Agrega la pasta, las patatas y la rúcula a la salsa de tomate hirviendo. Cocine, revolviendo, de 1 a 2 minutos o hasta que la pasta y las verduras estén bien cubiertas con la salsa. Agregue un poco del agua de cocción reservada si la pasta parece seca.

5. Agrega el queso y sirve inmediatamente.

Linguini romano de estilo rústico

Linguine a la Ciociara

Rinde de 4 a 6 porciones

Mis amigos Diane Darrow y Tom Maresca, que escriben sobre vino y comida italiana, me presentaron esta pasta romana. El nombre significa "estilo de campesina" en el dialecto local. El sabor fresco y herbáceo del pimiento verde hace que esta sencilla pasta sea inusual.

1 pimiento verde mediano

½ taza de aceite de oliva

2 tazas de tomates frescos pelados, sin semillas y picados o tomates italianos importados enlatados, escurridos y picados

½ taza de Gaeta u otras aceitunas negras curadas en aceite suaves, picadas en trozos grandes

Sal

Una pizca de pimiento rojo triturado

1 libra de linguini o espagueti

½ taza de pecorino romano recién rallado

1. Cortar el pimiento por la mitad y quitarle el tallo y las semillas. Corta el pimiento en rodajas muy finas a lo largo y luego córtalas en forma transversal en tercios.

2. En una sartén lo suficientemente grande como para contener los espaguetis cocidos, calienta el aceite a fuego medio. Agrega los tomates, el pimiento, las aceitunas, la sal al gusto y el pimiento rojo triturado. Llevar a fuego lento y cocinar, revolviendo ocasionalmente, hasta que la salsa espese un poco, aproximadamente 20 minutos.

3. Ponga a hervir al menos 4 litros de agua en una olla grande. Agrega 2 cucharadas de sal, luego la pasta. Revuelva bien. Cocine a fuego alto, revolviendo con frecuencia, hasta que la pasta esté al dente, tierna pero aún firme al morder. Escurrir la pasta reservando un poco del agua de cocción.

4. Agrega la pasta a la sartén con la salsa. Cocine y revuelva a fuego medio durante 1 minuto, agregando un poco del agua de cocción reservada si la pasta parece seca. Agrega el queso y revuelve nuevamente. Servir inmediatamente.

Penne con Verduras de Primavera y Ajo

Penne alla Primavera

Rinde de 4 a 6 porciones

Aunque la forma clásica de hacer salsa primavera es con crema espesa y mantequilla, este método a base de aceite de oliva aromatizado con ajo también es bueno.

1/4 taza de aceite de oliva

4 dientes de ajo, finamente picados

8 espárragos, cortados en trozos pequeños

4 cebollas verdes, cortadas en rodajas de 1/4 de pulgada

3 calabacines muy pequeños (aproximadamente 12 onzas), cortados en rodajas de 1/4 de pulgada

2 zanahorias medianas, cortadas en rodajas de 1/4 de pulgada

2 cucharadas de agua

Sal y pimienta negra recién molida

2 tazas de tomates cherry o uva pequeños, cortados por la mitad

3 cucharadas de perejil fresco picado

½ taza de pecorino romano recién rallado

1. Vierta el aceite en una sartén lo suficientemente grande como para contener la pasta. Agrega el ajo y cocina a fuego medio durante 2 minutos. Agregue los espárragos, las cebollas verdes, el calabacín, las zanahorias, el agua y sal y pimienta al gusto. Tapa la sartén y baja el fuego. Cocine hasta que las zanahorias estén casi tiernas, de 5 a 10 minutos.

2. Ponga a hervir al menos 4 litros de agua en una olla grande. Agrega 2 cucharadas de sal, luego la pasta. Revuelva bien. Cocine a fuego alto, revolviendo con frecuencia, hasta que la pasta esté al dente, tierna pero aún firme al morder. Escurrir la pasta reservando un poco del agua de cocción.

3. Agrega los tomates y el perejil a la sartén con las verduras y revuelve bien. Agrega la pasta y el queso y revuelve nuevamente, agregando un poco del agua de cocción reservada si la pasta parece seca. Servir inmediatamente.

Pasta "arrastrada" con nata y champiñones

Pasta Strascinata

Rinde de 4 a 6 porciones

La principal razón para visitar Torgiano en Umbría es alojarse en Le Tre Vaselle, una hermosa posada rural con un excelente restaurante. Mi marido y yo comimos allí esta inusual pasta "arrastrada" hace algunos años. Los tubos de pasta cortos y puntiagudos conocidos como pennette se cocinaban directamente en la salsa, al estilo del risotto. Nunca había visto pasta cocinada de esta manera en ningún otro lugar.

Debido a que la técnica es bastante diferente, asegúrese de leer la receta antes de comenzar y de tener el caldo caliente y todos los ingredientes a mano antes de comenzar.

La familia de enólogos Lungarotti es propietaria de Le Tre Vaselle, y uno de sus excelentes vinos tintos, como Rubesco, sería ideal con esta pasta.

1 cebolla mediana, finamente picada

6 cucharadas de aceite de oliva

1 libra de pennette, ditalini o tubetti

2 cucharadas de coñac

5 tazas caseras calientesCaldo de carneoCaldo de polloo 2 tazas de caldo enlatado mezclado con 3 tazas de agua

8 onzas de champiñones blancos rebanados

Sal y pimienta negra recién molida

¾ taza de crema espesa

1 taza de Parmigiano-Reggiano recién rallado

1 cucharada de perejil fresco picado

1. En una sartén lo suficientemente grande como para contener toda la pasta, cocina la cebolla en 2 cucharadas de aceite a fuego medio hasta que esté tierna y dorada, aproximadamente 10 minutos. Coloca la cebolla en un plato y limpia la sartén.

2. Vierte las 4 cucharadas restantes de aceite en la sartén y calienta a fuego medio. Agregue la pasta y cocine, revolviendo con frecuencia, hasta que la pasta comience a dorarse, aproximadamente 5 minutos. Agrega el Coñac y cocina hasta que se evapore.

3. Regrese la cebolla a la sartén y agregue 2 tazas de caldo caliente. Encienda el fuego a medio-alto y cocine, revolviendo con frecuencia, hasta que se absorba la mayor parte del caldo. Agrega 2 tazas más de caldo. Cuando se absorba la mayor parte del líquido, agregue los champiñones. Mientras continúa revolviendo, agregue el caldo restante poco a poco según sea necesario para mantener la pasta húmeda. Sazone al gusto con sal y pimienta.

4. Después de aproximadamente 12 minutos desde que comenzó a agregar el caldo, la pasta debe estar casi al dente, tierna pero firme al morder. Agregue la crema y cocine a fuego lento hasta que espese un poco, aproximadamente 1 minuto.

5. Retire la sartén del fuego y agregue el queso. Agrega el perejil y sirve inmediatamente.

Pasta romana con tomate y mozzarella

Pasta a la checa

Rinde de 4 a 6 porciones

Cuando mi marido probó esta pasta por primera vez en Roma, le gustó tanto que la comió prácticamente todos los días de nuestra estancia. Asegúrate de utilizar mozzarella fresca y cremosa y tomates muy maduros. Es la pasta perfecta para los días de verano.

3 tomates maduros de tamaño mediano

¼ taza de aceite de oliva virgen extra

1 diente de ajo pequeño, finamente picado

Sal y pimienta negra recién molida

20 hojas de albahaca

1 libra de tubetti o ditalini

8 onzas de mozzarella fresca, cortada en cubitos pequeños

1. Cortar los tomates por la mitad y quitarles el corazón. Exprime las semillas de tomate. Pica los tomates y colócalos en un bol lo

suficientemente grande como para contener todos los ingredientes.

2. Agrega el aceite, el ajo, la sal y la pimienta al gusto. Apila las hojas de albahaca y córtalas en tiras finas. Agrega la albahaca a los tomates. Esta salsa se puede preparar con anticipación y mantener a temperatura ambiente hasta por 2 horas.

3. Ponga a hervir al menos 4 litros de agua en una olla grande. Agrega 2 cucharadas de sal, luego la pasta. Revuelva bien. Cocine a fuego alto, revolviendo con frecuencia, hasta que la pasta esté al dente, tierna pero aún firme al morder. Escurre la pasta y mézclala con la salsa. Agrega la mozzarella y revuelve nuevamente. Servir inmediatamente.

Fusilli con Atún y Tomates

Fusilli al Tonno

Rinde de 4 a 6 porciones

Por mucho que disfruto los buenos filetes de atún fresco asados a la parrilla, creo que probablemente me guste aún más el atún enlatado. Por supuesto, hace excelentes sándwiches y ensaladas, pero los italianos le dan otros usos, como en el clásico Vitello Tonnato (<u>Ternera en Salsa de Atún</u>) para ternera, o en forma de paté, o combinado con pasta, como suelen hacer los cocineros en Sicilia. No utilices atún envasado en agua para esta salsa. El sabor es demasiado suave y la textura demasiado empapada. Para obtener el mejor sabor y textura, utilice una buena marca de atún envasado en aceite de oliva de Italia o España.

3 tomates medianos, picados

1 lata (7 onzas) de atún italiano o español importado envasado en aceite de oliva

10 hojas de albahaca fresca, picadas

1/2 cucharadita de orégano seco, desmenuzado

Una pizca de pimiento rojo triturado

Sal

1 libra de fusilli o rotelle

1. En un tazón grande para servir, combine los tomates, el atún con su aceite, la albahaca, el orégano, el pimiento rojo y sal al gusto.

2. Ponga a hervir al menos 4 litros de agua en una olla grande. Agrega 2 cucharadas de sal, luego la pasta. Revuelva bien. Cocine a fuego alto, revolviendo con frecuencia, hasta que la pasta esté al dente, tierna pero aún firme al morder. Reserva un poco del agua de cocción. Escurrir la pasta.

3. Mezcle la pasta con la salsa. Agrega un poco del agua de cocción si la pasta parece seca. Servir inmediatamente.

Linguini con pesto siciliano

Linguine al pesto trapanés

Rinde de 4 a 6 porciones

La salsa pesto generalmente se asocia con Liguria, pero pertenece principalmente al tipo de albahaca y ajo. Pesto en italiano se refiere a cualquier cosa machacada, picada o triturada, que es como se prepara típicamente esta salsa en Trapani, una ciudad costera en el oeste de Sicilia.

Hay mucho sabor en este plato; no se necesita queso.

½ taza de almendras blanqueadas

2 dientes de ajo grandes

½ taza de hojas de albahaca frescas envasadas

Sal y pimienta negra recién molida

1 libra de tomates frescos, pelados, sin semillas y picados

⅓ taza de aceite de oliva virgen extra

1 libra de linguini

1. En un procesador de alimentos o licuadora, combine las almendras, el ajo, la albahaca y la sal y pimienta al gusto. Picar bien los ingredientes. Agrega los tomates y el aceite y procesa hasta que quede suave.

2. Ponga a hervir al menos 4 litros de agua en una olla grande. Agrega 2 cucharadas de sal, luego la pasta, empujándola suavemente hacia abajo hasta que la pasta esté completamente cubierta de agua. Revuelva bien. Cocine a fuego alto, revolviendo con frecuencia, hasta que la pasta esté al dente, tierna pero aún firme al morder. Reserva un poco del agua de cocción. Escurrir la pasta.

3. Vierta la pasta en un tazón grande y tibio para servir. Agrega la salsa y revuelve bien. Agrega un poco del agua de la pasta reservada si la pasta parece seca. Servir inmediatamente.

Espaguetis con pesto "loco"

Espaguetis al pesto matto

Rinde de 4 a 6 porciones

Esta receta está adaptada del folleto "Los placeres de cocinar pasta", publicado por la empresa de pasta Agnesi en Italia. Las recetas fueron enviadas por cocineros caseros y el autor de esta receta probablemente improvisó este pesto poco tradicional (de ahí su nombre).

2 tomates maduros medianos, pelados, sin semillas y picados

½ taza de aceitunas negras picadas

6 hojas de albahaca, apiladas y cortadas en tiras finas

1 cucharada de tomillo fresco picado

¼ taza de aceite de oliva

Sal y pimienta negra recién molida

1 libra de espaguetis o linguini

4 onzas de queso de cabra fresco y tierno

1. En un tazón grande para servir, mezcle los tomates, las aceitunas, la albahaca, el tomillo, el aceite y la sal y pimienta al gusto.

2. Ponga a hervir al menos 4 litros de agua en una olla grande. Agrega 2 cucharadas de sal, luego la pasta, empujándola suavemente hacia abajo hasta que la pasta esté completamente cubierta de agua. Revuelva bien. Cocine a fuego alto, revolviendo frecuentemente, hasta que la pasta esté tierna. Escurrir la pasta.

3. Agrega la pasta al bol con los tomates y revuelve bien. Agrega el queso de cabra y revuelve nuevamente. Servir inmediatamente.

Pajaritas con Salsa Puttanesca Cruda

Farfalle alla Puttanesca

Rinde de 4 a 6 porciones

Los ingredientes de esta salsa para pasta son similares a los de<u>Linguine con Anchoas y Salsa de Tomate Picante</u>, pero el sabor es bastante diferente, ya que esta salsa no requiere cocción.

1 litro de tomates cherry o uva, cortados por la mitad

6 a 8 filetes de anchoa, picados

1 diente de ajo grande, muy finamente picado

½ taza de Gaeta u otras aceitunas negras suaves sin hueso y picadas

¼ taza de perejil fresco de hoja plana finamente picado

2 cucharadas de alcaparras, enjuagadas y picadas

½ cucharadita de orégano seco

¼ taza de aceite de oliva virgen extra

Sal al gusto

Una pizca de pimiento rojo triturado

1 libra de farfalle o fettuccine seco

1. En un tazón grande para servir, combine los tomates, las anchoas, el ajo, las aceitunas, el perejil, las alcaparras, el orégano, el aceite, la sal y el pimiento rojo. Dejar reposar 1 hora a temperatura ambiente.

2. Ponga a hervir al menos 4 litros de agua en una olla grande. Agrega 2 cucharadas de sal, luego la pasta. Revuelva bien. Cocine a fuego alto, revolviendo frecuentemente, hasta que la pasta esté tierna. Reserva un poco del agua de cocción. Escurrir la pasta.

3. Mezcle la pasta con la salsa. Agrega un poco del agua de cocción si la pasta parece seca. Servir inmediatamente.

Pasta con Verduras Crudas

Pasta a la crudaiola

Rinde de 4 a 6 porciones

El apio aporta un sabor crujiente y el jugo de limón un sabor limpio y ligero a esta sencilla pasta de verano.

2 libras de tomates maduros, pelados, sin semillas y picados

1 diente de ajo, muy finamente picado

1 taza de costillas de apio tiernas, en rodajas finas

1/2 taza de hojas de albahaca, apiladas y cortadas en tiras finas

1/2 taza de Gaeta u otras aceitunas negras suaves, sin hueso y picadas

1/4 taza de aceite de oliva virgen extra

1 cucharada de jugo de limón

Sal y pimienta negra recién molida

1 libra de fusilli o gemelli

1.Coloque los tomates en un tazón grande con el ajo, el apio, la albahaca y las aceitunas y revuelva bien. Agrega el aceite, el jugo de limón y sal y pimienta al gusto.

2.Ponga a hervir al menos 4 litros de agua en una olla grande. Agrega 2 cucharadas de sal, luego la pasta. Revuelva bien. Cocine a fuego alto, revolviendo frecuentemente, hasta que la pasta esté tierna. Escurre la pasta y luego mézclala bien rápidamente con la salsa. Servir inmediatamente.

Espaguetis "Date prisa"

Ciencia del espagueti' Ciencia'

Rinde de 4 a 6 porciones

Los tomates uva pequeños tienen un gran sabor a tomate y están de temporada durante todo el año. Los tomates cherry también funcionan bien en esta receta. La frase napolitana sciue' sciue' (pronunciada shoo-ay, shoo-ay) significa algo así como "date prisa" y esta salsa se prepara rápidamente.

¼ taza de aceite de oliva

3 dientes de ajo, en rodajas finas

Una pizca de pimiento rojo triturado

3 tazas de tomates uva o tomates cherry, cortados por la mitad

Sal

Una pizca de orégano seco, desmenuzado

1 libra de espaguetis

1. Vierta el aceite en una sartén lo suficientemente grande como para contener la pasta cocida. Agrega el ajo y el pimiento rojo.

Cocine a fuego medio hasta que el ajo esté ligeramente dorado, aproximadamente 2 minutos. Agrega los tomates, sal al gusto y el orégano. Cocine, revolviendo una o dos veces, durante 10 minutos o hasta que los tomates estén tiernos y los jugos ligeramente espesos. Apaga el fuego.

2. Ponga a hervir al menos 4 litros de agua en una olla grande. Agrega 2 cucharadas de sal, luego la pasta, empujándola suavemente hacia abajo hasta que la pasta esté completamente cubierta de agua. Revuelva bien. Cocine a fuego alto, revolviendo con frecuencia, hasta que la pasta esté al dente, tierna pero aún firme al morder. Escurrir la pasta reservando un poco del agua de cocción.

3. Coloca la pasta en la sartén con la salsa de tomate. Suba el fuego a alto y cocine, revolviendo durante 1 minuto. Agrega un poco del agua de cocción si la pasta parece seca. Servir inmediatamente.

Penne "enojado"

Penne all'Arrabbiata

Rinde de 4 a 6 porciones

Estos penne al estilo romano se llaman "enojados" por el sabor picante de la salsa de tomate. Utilice tanto pimiento rojo triturado como desee, o tan poco. Esta pasta se suele servir sin queso.

¼ taza de aceite de oliva

4 dientes de ajo, ligeramente machacados

Pimiento rojo triturado al gusto

2 libras de tomates frescos, pelados, sin semillas y picados, o 1 lata (28 onzas) de tomates italianos pelados importados, escurridos y picados

2 hojas de albahaca fresca

Sal

1 libra de penne

1. Vierta el aceite en una sartén lo suficientemente grande como para contener toda la pasta. Agregue el ajo y la pimienta y cocine hasta que el ajo esté bien dorado, aproximadamente 5 minutos. Retire el ajo.

2. Agrega los tomates, la albahaca y sal al gusto. Cocine de 15 a 20 minutos o hasta que la salsa esté espesa.

3. Ponga a hervir al menos 4 litros de agua en una olla grande. Agrega 2 cucharadas de sal, luego la pasta. Revuelva bien. Cocine a fuego alto, revolviendo con frecuencia, hasta que la pasta esté al dente, tierna pero aún firme al morder. Reserva un poco del agua de cocción. Escurrir la pasta.

4. Transfiera el penne a la sartén y revuelva bien a fuego alto. Agrega un poco del agua de cocción si la pasta parece seca. Servir inmediatamente.

Rigatoni con ricota y salsa de tomate

Rigatoni con ricota y salsa de pomodoro

Rinde de 4 a 6 porciones

Esta es una forma antigua de servir pasta del sur de Italia que es bastante irresistible. A algunos cocineros les gusta aderezar la pasta solo con la salsa de tomate y luego pasar la ricota por separado, mientras que a otros les gusta mezclarlo todo antes de servir. La elección depende de ti.

2 1/2 tazas de salsa de tomate

1 libra de rigatoni, conchas o cavatelli

Sal

1 taza de ricota entera o semidescremada, a temperatura ambiente

Pecorino Romano o Parmigiano-Reggiano recién rallado, al gusto

1. Prepara la salsa, si es necesario. Ponga a hervir al menos 4 litros de agua en una olla grande. Agrega 2 cucharadas de sal, luego la pasta. Revuelva bien. Cocine a fuego alto, revolviendo con frecuencia, hasta que la pasta esté al dente, tierna pero aún firme al morder.

2. Mientras se cocina la pasta, lleve la salsa a fuego lento, si es necesario.

3. Vierta un poco de salsa picante en un tazón para servir caliente. Escurre la pasta y colócala en el bol. Mezcle inmediatamente y agregue más salsa al gusto. Agrega la ricota y revuelve bien. Pasar el queso rallado por separado. Servir inmediatamente.

Pajaritas con tomates cherry y pan rallado

Farfalle al Pomodorini y Briciole

Rinde de 4 a 6 porciones

Esta pasta está actualmente muy de moda en Italia. Sírvelo con un chorrito de aceite de oliva virgen extra.

6 cucharadas de aceite de oliva

1 libra de tomates cherry o uva, cortados por la mitad a lo largo

½ taza de pan rallado seco

¼ taza de pecorino romano recién rallado

2 cucharadas de perejil fresco picado

Sal y pimienta negra recién molida

1 libra de farfalle

Aceite de oliva virgen extra

1. Coloca una rejilla en el centro del horno. Precalienta el horno a 350°F. Rocíe 4 cucharadas de aceite en una fuente para hornear

de 13 × 9 × 2 pulgadas. Distribuya los tomates con el lado cortado hacia arriba en la sartén.

2. En un tazón pequeño, combine las migajas, el queso, el perejil, las 2 cucharadas restantes de aceite de oliva y sal y pimienta al gusto. Esparce las migas sobre los tomates. Hornea durante 30 minutos o hasta que los tomates estén tiernos y las migajas ligeramente tostadas.

3. Ponga a hervir al menos 4 litros de agua en una olla grande. Agrega 2 cucharadas de sal, luego la pasta. Revuelva bien. Cocine a fuego alto, revolviendo frecuentemente, hasta que la pasta esté tierna pero ligeramente cocida. Escurrir la pasta y echarla en la sartén con los tomates y un chorrito de aceite de oliva virgen extra. Servir inmediatamente.

Almejas estofadas

Conchiglie Ripiene

Rinde de 6 a 8 porciones

Las conchas de pasta gigantes parecen barcos navegando en un mar de salsa de tomate. Debido al rico relleno, esta receta rendirá de 6 a 8 porciones. Estas conchas son bonitas para una fiesta.

Unas 4 tazas de tu salsa de tomate o ragú favorito,

Sal

1 paquete (12 onzas) de conchas gigantes

2 libras de ricota entera o semidescremada

8 onzas de mozzarella fresca, rallada

1 taza de Parmigiano-Reggiano recién rallado

2 cucharadas de perejil fresco picado

1 huevo, ligeramente batido

Pimienta negra recién molida

1. Prepara la salsa, si es necesario. Ponga a hervir al menos 4 litros de agua en una olla grande. Agrega 2 cucharadas de sal, luego la pasta. Revuelva bien. Cocine a fuego alto, revolviendo con frecuencia, hasta que la pasta esté medio cocida, flexible pero aún muy firme. Escurre la pasta y colócala en un recipiente grande con agua fría.

2. Mezcle la ricota, la mozzarella, 1/2 taza de parmigiano, el perejil, el huevo y sal y pimienta al gusto.

3. Coloca una rejilla en el centro del horno. Precalienta el horno a 350°F. Vierta una capa fina de salsa en una fuente para hornear lo suficientemente grande como para contener las cáscaras en una sola capa. Escurre bien las cáscaras de pasta y sécalas. Rellena las conchas con la mezcla de queso y colócalas una al lado de la otra en el plato. Vierta la salsa restante. Espolvorea con la 1/2 taza de queso restante.

4. Hornee las conchas de 25 a 30 minutos o hasta que la salsa burbujee y las conchas estén completamente calientes.

Espaguetis con Pecorino y Pimienta

Espaguetis Cacio y Pepe

Rinde de 4 a 6 porciones

La pasta seca comenzó a elaborarse comercialmente en el siglo XIV en Nápoles. Un fabricante de pasta era conocido como vermicellaio, y la pasta recibía el nombre genérico de vermicelli, que significa "pequeños gusanos", porque la mayoría de la pasta se hacía en hebras largas.

Los romanos preparan esta pasta rápida con mucha pimienta negra y Pecorino Romano. En este plato con tan pocos ingredientes, use queso pecorino fresco de buena calidad y rallelo justo antes de usarlo, para obtener el mejor sabor.

Sal

1 libra de espaguetis o linguini

2 cucharadas de aceite de oliva virgen extra

1 cucharada de pimienta negra molida gruesa

1 taza de Pecorino Romano recién rallado

1. Ponga a hervir al menos 4 litros de agua en una olla grande. Agrega 2 cucharadas de sal, luego la pasta, empujándola suavemente hacia abajo hasta que la pasta esté completamente cubierta de agua. Revuelva bien. Cocine a fuego alto, revolviendo frecuentemente, hasta que la pasta esté al dente, tierna pero aún firme al morder. Escurrir la pasta reservando un poco del agua de cocción.

2. En un tazón grande para servir, mezcle la pasta con el aceite, la pimienta, la mitad del queso y un poco del agua de cocción hasta que el queso se derrita. Vuelve a mezclar la pasta con el queso restante. Servir inmediatamente.

www.ingramcontent.com/pod-product-compliance
Lightning Source LLC
Chambersburg PA
CBHW050158130526
44591CB00034B/1318